JN098126

ライセンス契約書
作成のポイント

TMI総合法律事務所

弁護士
小坂準記【編著】
Junki Kosaka

弁護士
井上貴宏
髙梨義幸
濱田　慧
川上貴寛
平　龍大
松岡　亮
笹渕　典
【著】

中央経済社

はしがき

　この本を手に取った方は，何らかの理由で，ライセンス契約について知りたいことがある方だと思います。ある人は，ライセンス契約書を明日までに作らなければならず，そのひな形がないか，探しているかもしれません。また，ある人は，ライセンス契約書の中で特定の論点について，どのように考えるべきか悩み，探しているうちにこの本にたどり着いたかもしれません。もしくは，ライセンス契約について体系的に勉強してみたいと思って手に取った方もいるでしょう。

　本書は，こうしたライセンス契約について疑問をもち，学んでみたいと考えている方々を幅広く対象とした書籍です。

　ライセンス契約は，契約類型としては，実務上，比較的作成される頻度の高い契約書ではありますが，「ライセンス契約とは何ですか」という問いに一言では答えられない方も少なくないと思います。

　言い換えれば，多くの方々は，ライセンス契約とは何か，ということをあまり明確に意識せずに，日々，契約書の検討・修正を行っているといえます。これは，ライセンス契約は，法学部はおろか司法修習などでも，専門的に，体系的に教えてくれるということがないためではないかと思われます。

　このように，多くの弁護士，法務担当者が，日々の業務の中で試行錯誤して学んでいくものとされており，ライセンス契約は，実務から離れて議論することはできない契約類型であるともいえます。

　したがって，本書は，**実務を強く意識し，実務家が読んで理解できることを**念頭に執筆しています（そのため，細かい理論よりも実務を優先して記載して

はしがき

いる箇所もあります）。

　そのような観点から，執筆者としては，法務部の方々には勿論のこと，ライセンス契約にかかわっている法務部以外の現場担当者にも広く，本書を読んでいただきたいとも思っています。

　執筆者の中には，クライアント先の法務部で駐在（週に１，２回，クライアント先で業務を行うこと）する中で，法律事務所に持ち込まれる以前の現場担当者がドラフトした契約書案や説明資料を見る機会をもつ者がいますが，こうした法律相談の最前線でいつも感じているのは，法務部以外の現場担当者こそ，契約スキルを身に付けることが重要なのではないか，ということです。現場担当者１人ひとりが契約リテラシーをもち，ビジネスの現場で交渉を行っていくことで，スピードが格段に上がり，ビジネスをより前に進めていくことができるものと考えております。

　本書は，ライセンス契約とは何か，という基本的なところから，特許権，商標権，著作権といった代表的なライセンス契約の類型に加え，近時，相談の多い，AIを活用したデータ提供に関連するライセンス契約について，ひな形をもとに詳細な解説を行うものです。本書を執筆したTMI総合法律事務所の弁護士は，いずれもライセンス契約は勿論のこと，それぞれの知的財産分野において訴訟も含めて豊富な経験を有する弁護士です。

　本書の執筆依頼を受けた時に思い浮かんだベストメンバーで，本書を著すことができたのではないかと勝手に自負しております。このベストメンバーで毎月１回，脱稿直前には隔週に１回集まって，侃々諤々と議論を行って書籍を執筆してきました。一応の担当は決まっていますが，全員で，特許権，商標権，著作権，データ利活用の各ライセンス契約書のひな形を議論して作成しました。

　本書を通じて，「ライセンス契約をより理解できるようになった」，「ひな形を利用して，自社のライセンス契約書を作成することができた」といった声が

ii

皆様から寄せられるよう想いを込めて執筆致しました。少しでも皆様の実務にとって役に立つ書籍となることができれば，執筆者一同，これ以上の喜びはありません。

　最後に，本書の企画段階からサポートしていただいた中央経済社の川副美郷さんおよび石井直人さんにも，この場を借りて深く御礼申し上げます。

2020年5月

編著者　小坂　準記

目　　次

第3章　ライセンス契約の法的性質

第4章　ライセンス契約における法令の適用

第5章　特許実施許諾契約書の解説

目　　次

第7章　著作物利用許諾契約書の解説

ライセンス契約を学ぶ前に

1 「ライセンス契約」の意味

　「ライセンス」というと，一般的には「免許」や「資格を証明する文書」と理解されているかもしれない。例えば，サッカーでいえば，日本サッカー協会が認定する指導者の資格制度を「JFA公認指導者ライセンス」といったりする。

　確かにライセンス契約の「ライセンス」も，特許，商標や著作権を使用することを許可するという意味で「免許」や「資格を証明する文書」と近いように思われる。

　しかし，ライセンス契約は，「免許」のように，一方当事者が他方当事者に対して，一方的に条件を提示して，その条件をクリアすれば取得できるとは必ずしも限らない。むしろ，二当事者間の交渉によって成立するものである。多くの事案で，どちらかの当事者の交渉力が強い場合はあるだろうが，あらゆるライセンス契約は，二当事者間の交渉の末，成立するという点は，「免許」のような意味合いとは少々異なる。

　このように，ライセンス契約が，当事者間の交渉によって成立するということはライセンス契約を学ぶ大前提として覚えておいてほしい。

2　「ライセンサー」と「ライセンシー」

　当事者間の契約によって発生するライセンス契約は，必ず「ライセンサー」と「ライセンシー」が存在している。「ライセンサー」は，権利を許諾する者であり，「ライセンシー」は権利の許諾を受ける者である。

　この「ライセンサー」と「ライセンシー」という言葉は，非常に似ているため，一般の方からするととても紛らわしい。筆者も，大学１年生のときにはじめて民法で「チンタイニン（賃貸人）」と「チンシャクニン（賃借人）」という言葉に接したとき，どちらが不動産を貸す者で，どちらが不動産を借りる者なのか，漢字をいちいち見ないとよくわからず困惑していた。「ライセンサー」と「ライセンシー」に至っては，カタカナで表記されること，「サー」と「シー」しか音が違わないことからすると「賃貸人」，「賃借人」以上に困惑するのではないだろうか。

　慣れてしまえば，無意識に使いこなせる言葉ではあるものの，普段使うことのない単語だけに最初は言葉を確認しながら覚えていく必要がある。ライセンス契約の交渉，そして契約書を作成するためには「ライセンサー」と「ライセンシー」を間違えずに使いこなす必要があるので，まずは会議やメールでも意識的に使って，無意識に使いこなせるレベルまでもっていきたい。

3　「ライセンス契約」と「賃貸借契約」の相違点

　本書の読者の中には，これまで民法を学んでいる人とそうでない人がいると思う。民法を学んでいない人にとってライセンス契約は，ビジネス上，必要に迫られてOJT（On-the-Job Training）で学んでいる人がほとんどなので，それほど型にはめずにライセンス契約を理解しているかもしれない。

　他方，民法を学んでいる人にとって，ライセンス契約書を書いていくとある種の違和感を覚えるかもしれない。それは，民法でいうところの賃貸借契約と比較しながらライセンス契約をみてしまうからである。確かに，ライセンス契約と賃貸借契約は非常に似ている。また，特性に反しない限りにおいて賃貸借契約の規定に基づいて判断される場合がある。賃貸借契約との比較を行うこと自体は非常に勘の良い人である。しかし，ライセンス契約と賃貸借契約では決定的に異なることがある。

　それは，対象が「有体物」であるか「無体物」であるか，という違いである。ライセンス契約は無体物を対象とした契約であるのに対して，賃貸借契約は有体物を対象とした契約なのである。有体物は基本的に1つしかない。

　したがって，その「物」を誰かに賃借する契約をするとその者しか基本的には使用できない。あるマンションの一室を賃貸借契約により貸し出した場合，基本的には，賃借人しかそのマンションの一室を使うことができないことを想像してもらえばわかりやすいだろう（ルームシェアを認めるマンションの一室であれば，確かに複数人で利用できるが，それでも利用人数には限界がある）。他方，ある著作物の利用を誰かに許諾する契約をしたとしても，（非独占のライセンス契約であれば）その者以外の第三者も，その著作物を利用することができる。絶大な人気を誇るキラーコンテンツであれば，許諾を受けたいというライセンシーは無尽蔵に増えていくだろう。

　この違いは極めて大きい。契約書を作成する上でも，対象物の引渡し，許諾範囲の定め方，対価の定め方，契約終了時の処理等々，有体物とは異なる定め方を挙げればキリがない。ライセンス契約を理解するには，目に見えないものの利用を許諾するという特性を十分に認識しておく必要がある。

▌4　「ライセンス契約書」のタイトル

　ここまでライセンス契約という言葉を使用してきたが，契約書のタイトルに

「ライセンス契約書」と明記しているものは，そう多くないのではないか，というのが筆者の実感である。むしろ，「著作物利用許諾契約書」，「商標利用許諾契約書」，「通常実施権許諾契約書」など，「ライセンス契約書」というタイトルではないことのほうが多い。

　契約書のタイトルは，あくまで当事者同士の理解を助ける記号にすぎない。個人的には，タイトルにこだわることは大して有益なことではないと考えている。「覚書」という名のライセンス契約書だって世の中にはたくさん存在している。書面のタイトルが契約書の解釈に影響を及ぼすことがないことはないが，契約書のタイトルだけで，契約書の法的性質が一律に決まるものではない。

　したがって，読者の方には，「利用許諾契約書」や「実施権許諾契約書」などの文言がタイトルにあれば，ライセンス契約であると理解して，本書で学んだことを活用してほしい。

ライセンス契約の交渉

1　ライセンス契約の交渉準備

　一般的に，ライセンス契約は，いきなり契約書を作成して当事者間で契約書を修正し合うということは少なく，まずは，当事者間で基本的な事項を合意することからはじめることが多い。そして，基本的な事項が固まってきた段階で，ライセンス契約書という書面の形にして交渉を進めていくことが通常である。

　そこで，まずはライセンス契約の交渉準備から話をはじめていきたい。筆者にとって，ライセンス契約の交渉は好きな業務の1つである。特に，当事者間の力関係が拮抗している，または少し相手方よりも劣る場合の代理人として交渉を担当するのは，非常にやりがいを感じる仕事である。

　とはいえ，弁護士の場合，直接，相手方と対峙してライセンス契約の交渉の場に立ち会うというのはそう多くはない。法律事務所に依頼される多くのライセンス契約は，法務部の方から現場担当者の要求や会社としてのスタンスとともに，契約書の原案をメールや会議で渡されて，検討してください，というものになる。

　しかし，案件の規模が大きなものとなると，弁護士が契約交渉の段階から案件に入り，相手方との交渉にも同席し，直接相手方と交渉を行うこともある

5

（かくいう筆者も，ある大型ライセンス契約の交渉を担当したときには，4カ月間，ほぼ連日，4時間から8時間のロングラン会議に同席し，相手方と条件交渉を行ったことがある）。

　また，弁護士が企業の法務部に駐在や出向した場合には，法務部の方と一緒に現場担当者との会議に出席し，法律事務所に相談にくる前段階から案件に関与する場合もある。

　こうしたライセンス契約の交渉にいろいろな段階で関与した経験から，ライセンス契約の交渉は，「準備なくして成功なし」ということを痛感している。当たり前のことではあるが，実は，意外とこのことが実践されていない。そこで，ライセンス契約の交渉に臨む心構えと準備の仕方をまとめてみたい。

(1)　現場担当者の心構えと準備

　まず，現場担当者と法務担当者では，交渉準備の内容が少し違う。現場担当者がライセンス契約の交渉を進めようとする場合，とかく陥りがちなのが，契約の成立を目的としすぎてリスク管理について盲目になってしまうということである。現場担当者としては，このライセンス契約を上手く進めたい，結果を出したい，相手方担当者とも直接，何度も会議を行っているという自負もあり，あの人，あの会社であれば大丈夫であろう，ということも相まって，必要最低限の条件のみを確認し，あとは法務部に丸投げ，という事例も少なくない。しかも，法務部にライセンス契約書の作成の依頼をする時期が，社内の決裁の関係上，契約書のデッドラインの2日前や，ひどい時には前日となることもあると聞くことがある。これは，比較的小規模の案件で見られがちな傾向であるが，（あくまで人によるが）契約書を軽視しがちな現場担当者には，こうした傾向があるように思える[1]。

　こうした現場担当者の行動の原因は，現場担当者にとって契約書作成は，ある種の「おまけ」のような認識があり，条件交渉をして必要最小限度の合意ができれば，そこで「終わった」という感覚があるからではないだろうか。しかし，ライセンス契約というのは，契約書を作成するまで終わらないのだ。さら

に言えば，契約書が成立したとしても，その後，どのように運用していくかも含めて，ずっと続いていくものなのである。少なくとも，ライセンス契約書の締結までがライセンス契約の交渉であるという心構えを持つことが何より重要である。

　現場担当者の準備としては，第1に，自らが交渉した内容を法務部に丸投げするのではなく，必要最小限の条件をもとに，どのような契約書が書けるのか，書き起こすところまでやっていただきたい。書き起こしてみると条件交渉として，不十分なところも見えてくる。現場担当者はパワーポイントを使った資料を作成するのは上手な方は多いが，契約書を作成すると途端に書けなくなる人が多い。これはパワーポイント資料の作成の訓練をしているのに対して，契約書の作成の訓練をしていないだけである。パワーポイント資料は，数字やグラフを用いることで，曖昧なものを曖昧なままにしておくことができてしまう。そのため，契約書に書き起こすと，途端に法務部から質問攻めにあうのである。

　第2に，法務担当者と，できるだけ早い段階から情報を共有しておくことである。特にスケジュールは法務担当者と共有すべき最大の事項である。法務担当者は，常時，多くの案件を抱えているのであって，ライセンス契約書の作成は，数多くある案件の1つでしかない。法務担当者のスケジュールを早い段階から押さえておくこと，早い段階から情報を共有しておくことが，的確なライセンス契約書を作成する大きなポイントである。

　契約書の作成は，法務部だけがやる仕事という時代は終わったと思っている。これからの時代，現場担当者でも基本的な事項を記載したタームシートくらい書けなければ，日進月歩で進んでいくビジネススピードにはついていけないのではなかろうか。

1　法務担当者にしてみると，「自動的にライセンス契約書が出てくる自動契約書製造機じゃないんだぞ」という想いはあるものの，仕事なのでやるしかない，という気持ちがある一方，小さな案件だからといって，必要最低限の条件のみで契約書を適当に作って……とは，なかなか割り切れない。また，弁護士費用をかけてまで弁護士に作成を依頼するものでもないことから，二度とこの現場担当者の仕事は受けない，と決意をしながら，徹夜でライセンス契約書を作成した経験がある方もいるだろう。

(2)　法務担当者の心構えと準備

　では，法務担当者は，どのような心構えと準備をすべきであろうか。筆者は，法務担当者がすべき初動としては以下の3点の検討だと考えている。

　　ア　スケジュールの作成
　　イ　社内外体制の構築
　　ウ　相手方と自社との交渉力の確認

ア　スケジュールの作成

　どんなに凝ったライセンス契約書を作成しようにも，時間を無視しては作成することはできない。スケジュールこそ，ライセンス契約の交渉，その後のライセンス契約書の作成において，もっとも重要となる。

　法務担当者としては，具体的には，(a)ライセンス交渉の現状，(b)相手方へのライセンス契約書の提示時期，(c)ライセンス契約書の締結時期，(d)ビジネスのスタート時期，を現場担当者からヒアリングし，ライセンス契約書を作成するためのタイムスパンを確認したい。

　これらのスケジュール情報を確認した上で，法務担当者としては，(e)社内決裁プロセスの手順，(f)外部弁護士の起用の要否を上記(a)から(c)のスケジュールに加えていく。

　中には，各種規制との関係で，行政への照会等が必要なライセンス契約も存在し，そうした場合には，別途スケジュールを立て直す必要があるが，少なくとも上記(a)から(f)のスケジュールを確認できれば，ライセンス契約書の締結に必要な大枠のスケジュールが固められるだろう。

【図表2-1】スケジュール作成のイメージ

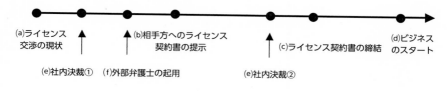

イ　社内外体制の構築

　企業ごとに，取引金額に応じて決裁権限を有する部署や機関が異なっており，自社において要する期間も異なることが一般的であると思われる。

　法務担当者としては，まずは相談に持ち込まれたライセンス契約の取引金額に照らして，ライセンス契約書作成の体制を構築する必要がある。スケジュールの項目で記載した社内決裁プロセスの手順や外部弁護士の起用の要否を確認するなかでも同じ検討をすることになるが，法務担当者としては，一定の取引金額以上であれば外部弁護士の起用を原則として行うなどの社内ルールを定めておくと体制作りがスムーズに進む。外部弁護士に依頼することが後回しになり，自社から契約書を提示しなければならない直前に外部弁護士に持ち込んでも，十分な検討ができない結果となりかねない。

　また，自社のリスク分析も案件の規模を測る重要な指標となる。例えば，取引額が低い場合であっても，個人情報の取扱いが絡む案件で，非常にセンシティブな情報を扱う法的問題が多く含まれる事案や，はじめての取引先であって与信リスクがある事案については，自社のリスクを踏まえ，必要な社内体制や外部弁護士の起用が推奨される。

　これらライセンス契約の取引額や自社のリスクを踏まえて，法務担当者としては，ライセンス契約書締結までの社内外の体制を構築しなければならない。

ウ　相手方と自社との交渉力の確認

　ライセンス契約は，当事者間の交渉によって成立する。そして，一方当事者のどちらかのほうが，より交渉力が強いことが多い。対等な関係のライセンス

交渉というほうが少ないだろう。一般的には，許諾を出すライセンサーの立場にある企業の交渉力のほうが強い場合が多いが，例外的に，ライセンシーの立場が強い場合もある。例えば，外資系のプラットフォーマーに対するコンテンツの利用許諾契約などでは，プラットフォーマーはライセンシーの立場にもかかわらず，販売力の強さを背景に，ライセンサーに対して非常に強気の交渉を行ってくることがある。

　法務担当者としては，ライセンス契約の交渉，書面の作成を進めていく上で，自社がライセンサーであるか，ライセンシーであるか，などを踏まえ，ライセンス契約においてどちらに交渉力があるのか，を的確に分析する必要がある。この交渉力の強さの把握こそ，ライセンス契約書において，どの程度，自社に有利な文言を記載できるか，ということと直結してくるからである。

　また，これはファーストドラフトをどちらが提示するのか，という問題とも関連する。相手方のライセンス契約書の提示を受け，「ファーストドラフトしなくてよかった」と安堵することもあるのが偽らざる本音かもしれない。ただ，法務担当者としては，相手方の契約書をもとに検討してよいのか否かを慎重に検討する必要はある。特に一部の外資系企業の場合，本社で使用しているフォーマットを日本語訳しただけの「意味不明な日本語の羅列」がなされている契約書を提示されることも少なくない[2]。こうした契約書をもとに修正していっても，「これならこちらで最初から書いたほうがよかった」と後々後悔することになってしまう。このような場面において，自社に交渉力があるのであれば，改めて自社からファーストドラフトを提示するということも十分にあり得る。

2　外資系企業の翻訳契約書は，形式を修正しているだけであっという間に修正履歴だらけになってしまうことが少なくない。こうした翻訳契約書の場合，こちらから契約書を提示したほうが自社の作業としては早い。あとは自社に交渉力があり，そのような提案をしたとしても案件が破談（ブレイク）とならないようリスクコントロールをすれば足りるだろう。

2　ライセンス契約書の作成

　初動で検討すべき3点を固めた後は，実際にライセンス契約書を作成する段階である。自社がファーストドラフトを提出するのか，相手方から提出されたファーストドラフトを自社でレビュー（修正）するのか，によって対応は異なるが，当事者間で合意されるライセンス契約書の作成というゴールからすれば，どちらが先攻か後攻か，というのはそれほど大きな差はない。

⑴　自社がファーストドラフトを作成する場合

　まず，自社でファーストドラフトを作成する立場の場合，最初に作成するライセンス契約書の中で，自社が押さえておきたい事項を網羅しておく必要がある。その後のやりとりにおいても追加することは不可能ではないが，相手方からすると，提示する段階から記載しておくべき事項という認識をもたれ心証は良くないだろうし，相手方からも，これまで争点となっていなかった事項について追加の修正を求められるなど，交渉が長期化してしまうこともあり得る。

　もっとも，ライセンス契約書において，ファーストドラフトから自社の要求事項を網羅して記載し相手方に提示するということは，「言うは易し行うは難し」である。

　現場担当者から持ち込まれる契約書のドラフト案は，往々にして，過去の別件のライセンス契約書をベースに固有名詞だけを修正していたり，インターネット上に掲載されていたライセンス契約書のひな形や他社事例をもとに作成しているなど，網羅的に自社の要求を記載していることは少ない。もっとも，現場担当者が自ら契約書を作成しているだけ，意識が高く，好感が持てる。多くの場合，現場担当者からは必要最小限の条件を記載したパワーポイント資料（多くが社内説明用のパワーポイント資料であることが多いだろう）だけがメールで送られてきて，法務担当者はこの添付資料と若干の経緯説明をもとにゼロベースから契約書を作成しなければならないことが多いのが実情ではなか

ろうか。

　この場合，法務担当者としては，パワーポイント資料だけでライセンス契約書をすべて書き起こすことができるとは，絶対に思ってはならない。必ず，パワーポイント資料に記載していない事項や，パワーポイント資料では数字や箇条書きで書かれている内容が詳細な条件にまで落とし込まれていない事項があるからである[3]。

　したがって，パワーポイント資料だけを持ち込まれた場合には，パワーポイント資料を見ながら打ち合わせを1回，ファーストドラフトができてから1回の合計2回は少なくとも打ち合わせをして，内容を現場担当者と確認する必要がある。契約書を軽視しがちな現場担当者は，法務部が作成した書面を文字どおり，右から左へ受け流すだけで，内容に目を通さず「弊社の法務担当者が作成した契約書になります。ご査収ください」とのみ伝え，相手方からコメントバックや修正がなされても，法務担当者に対して「相手方からのコメントがありました。ご確認ください」のやりとりしかせず，自分事として契約書を検討しない者も少なくない。こうした現場担当者に対しては，社内セミナー等で地道に（そして根気強く）啓蒙していかなければならないのだが，会議を設定して，質問攻めにするのも契約書を自分事として捉えさせる1つの機会となるだろう。

(2)　相手方のファーストドラフトを修正する場合

　相手方のファーストドラフトを修正する場合，ライセンス契約書であれば，以下のような手順で検討をすると漏れが出ないと考える。

　　ア　現場担当者から提示されたこれまでの交渉資料等に記載されている要素

3　パワーポイント資料は，見やすさという観点からは非常に良いツールかもしれないが，表や数字で誤魔化しを利かせてしまうことができ，詳細な条件についてまで書くことを想定したツールではない。そのため，法務担当者としては，現場担当者から持ち込まれたパワーポイント資料とにらめっこしながら，本書のひな形や解説を参照しつつ，各種の条件を契約書の文言に落とし込んでいく必要がある。

がすべて網羅されているか。

イ　本書を参考に，ライセンス契約書一般に記載されている内容の記載漏れ
がないか。

それでは，順に見ていきたい。

ア　自社の要求が反映されているかの確認

　相手方のファーストドラフトには，当然，これまで現場担当者が交渉で合意
してきた内容が記載されていると思われがちだが，相手も人間である。すべて
を網羅しているとは限らない。また，意図的に，相手方に不利な条件を記載し
ていないこともあり得る。そうした観点から，法務担当者としては，現場担当
者から受け取ったパワーポイント資料等のこれまでの交渉資料や，現場担当者
と打ち合わせで確認をした事項がすべて記載されているか，ということをまっ
さらな目で確認するところから始まる。

　この時に，法務担当者として気を付けるべきポイントは，このライセンス契
約書で実務の運用ができるか否か，というところであり，この点を意識して検
討すべきである。

　筆者が常々，法務担当者や現場担当者に話しているのは，「契約書は額縁に
入れて飾るものではない」ということである。契約書を作成しても，単に倉庫
に保管しているだけでは何の意味もないのである。契約書というものは，まさ
にビジネスの教本であり，契約書をもとにヒト・モノ・カネが動くのである。

　したがって，契約書の文言としては格式が必要であるなどと形式にこだわる
よりも，多少拙くても，当事者双方に誤解のない明快な書き方が求められる。
特に，現場担当者が読んでわかること，これこそが「実務の運用ができるか否
か」ということの出発点である。そして，ヒト・モノ・カネの流れが自社のビ
ジネスの中で無理を生じないか，適切に運用することができるか，を想像しな
がら，1つひとつチェックしていくことが重要である。

イ　ライセンス契約書一般に記載すべき内容の有無の確認

　ライセンス契約書に記載すべき事項は，ある程度決まっている。本書では，特許，商標，著作権の代表的な3種類のライセンス契約書に加え，データ利活用のひな形を作成し，その解説を行っている。解説では，ライセンサーの立場，ライセンシーの立場においては，ひな形の条項とは別に，このような記載もあり得るなど，自社の置かれた立場に応じて修正ができるように工夫をしている。

　自社の要求事項が記載されているか否かを確認した後は，本書を横に置き，もっとも近い類型のひな形を参照しながら，検討しているライセンス契約書において記載漏れがないかどうかを丁寧に確認していく作業を行ってもらいたい。特に，自社にとってのリスク判断を踏まえた条項などは，現場担当者同士で合意していることは少ないことから，重点的に検討すべき事項である。

　本書を活用し，ライセンス契約書に必要な記載事項を繰り返し参照していく中で，自然と必要事項の抜けや漏を指摘できるようになるだろう。

3　レビュー合戦で必要なこと

　自社からファーストドラフトを提示し，または，相手方のファーストドラフトを修正した後は，お互いの契約書のレビュー合戦である。法務担当者であれば，相手方担当者からの意味不明な修正履歴に「何なんだこれは」と思うことは一度や二度ではないだろう。

　しかし，契約書のレビュー合戦は，「ケンカ」ではない。自社にとって利益を最大化し，リスクを最小化すること，そして，大きなポイントは「勝ちすぎないこと」である。

　まずは，冷静に相手の修正箇所とコメントを確認し，①受け入れられない，②少し修正すれば受け入れられる，③受け入れられる，の3つに分類し，あとは現場担当者とどこまでのリスクを自社として許容することができるのか，ビジネス判断を行うことが求められる。

【図表2-2】レビュー合戦で必要な整理

　いたずらに感情的になって，相手方の修正に対して攻撃的なコメントを返しても，契約交渉が長引くだけであり，契約締結のスケジュールを乱してしまいかねない。自社にとって利益を最大化し，リスクを最小化することを心掛け，二当事者間の契約である以上，何らかのリスクを少なからず取った上で，契約を進めていくしかないのである。

　また，ライセンス契約書のレビュー合戦において，筆者が，もっとも重要なポイントと考えているのが「勝ちすぎないこと」である。ライセンス契約は譲渡契約のように1回きりで終わる契約類型とは異なる。つまり，ライセンス契約は，契約書の締結がスタートなのである。一方当事者が勝ちすぎている内容のライセンス契約であれば，契約期間中に不利な側の当事者の不満は高まり，結果として，有利な当事者としても，ビジネスにおいて利益の最大化を図れないことも少なくない。契約書のレビュー合戦を「ケンカ」と勘違いし，勝つことや相手を出し抜くことを考えて「勝ち」にこだわると，良いライセンス契約書は書けないことは肝に銘じるべきだろう。

4　ライセンス契約書の締結後

　ライセンス契約書が無事に締結され，ライセンス契約に基づくビジネスが無事スタートしたとしよう。法務担当者としての仕事は，契約書の締結でいったん落ち着くがこれで終わりではない。

　ライセンス契約は，二当事者間以上の継続的な契約である。

　したがって，ライセンス契約書の内容に基づくビジネスがマネジメントされているか，また有事の際の対応など，引き続き対応しなければならないことが多い。

　特に，トラブルが起きた場合の対応と一方当事者の破産等の信用不安が発生した場合の対応は，ライセンス契約締結後に頻出する事例である。事案に応じて実務的な対応をタイムリーに求められることから，法律事務所に持ち込まれる相談の中でも比較的多い類型の相談となる[4]。

　法務担当者としては，ライセンス契約締結後も，現場担当者とコミュニケーションを取りながら，有事の際の対応に備える必要がある。

4　リーマン・ショック後の日本においては，相手方が破産等により信用不安になったとして，ライセンス契約に関連してどのように対処すべきか，という相談がとても多かったことを記憶している。そして，本書の執筆時において，世界中に新型コロナウイルスが急速に感染拡大している。人々の行動が大きく制約され，ライセンス契約に基づくビジネスを行うことも難しい局面が生じている。

COLUMN　　　　　　契約書における「甲」「乙」

　本書のサンプル契約書でも，当事者を「○○（以下「甲」という。）」や「○○（以下「乙」という。）」と記載をしている例がある。これは，契約書において，何度も登場する当事者の略語を定めたものであるが，法的に「甲」「乙」と記載しなければならない，という決まりはない。長らく，契約書の略語として「甲」「乙」と使用することが定着していることから，これを踏襲しているにすぎない。

　したがって，著作物利用許諾契約書では「甲」「乙」以外に「ライセンサー」「ライセンシー」という略語を使用しているサンプル契約書も作成されている。

　筆者の好みをいえば，会社のひな形となり得る契約書は「甲」「乙」を使用しているが，ひな形ではない契約書では，会社名をそのまま略語として使用している。例えば，株式会社○△□が当事者の場合「（以下「○△□」という。）」といった記載である。

　これは，「甲」「乙」と記載すると，途中で「甲」と「乙」が入れ替わってしまってしまうことを防ぐためである。また，多数当事者の契約の場合には，「甲」「乙」「丙」「丁」「戊」などと記載するが，多数当事者の契約書で長いものとなると，筆者のような専門家ですら契約書の後半では誰が誰だかわからなくなってしまうことも少なくない。こうしたケアレスミスをなくす意味でも会社名をそのまま略語として使用している。

　他方，会社のひな形となり得る契約書では，特定の会社名を略語としてしまうと，（一括変換で修正できるとはいえ）契約書の作成の度に契約書全文をチェックして当事者の修正を行う必要があるため，冒頭で「甲」と定義して使い回しができるようにしておくのがよいと考えている。すなわち，略語を定義した箇所のみ会社名を変更すれば容易に修正が完了することから，「甲」「乙」といった略語を用いているほうが簡便であろう。

　契約書における「甲」「乙」は，好みの問題であると考えており，法的効果が生じる問題ではない以上，過剰に問題を深掘りする必要はないが，当事者の入れ違いなど法的効果に影響が生じ得るミスがないように，その使い方には留意しなければならない。

ライセンス契約の法的性質

　ライセンス契約とは，一体何なのか。ライセンス契約の語感から，「ある権利を使わせる権利」という意味で捉えがちであるが，果たして本当にそうなのか。ライセンス契約の法的性質を理解することが，ライセンス契約書において定めるべき事項を深く理解する上で非常に重要となることから，この問題を本章で掘り下げていきたい。

1　民法との関係からみるライセンス契約

⑴　民法の改正

　従来の契約実務は，旧民法をベースにそれを修正することにより対応してきた。今回の民法改正により，121年ぶりに債権法関係の規定について抜本的に改正されることになったため，その実務も影響を受ける。

　具体的には，2017年5月26日に「民法の一部を改正する法律」（以下「改正民法」という。）および「民法の一部を改正する法律の施行に伴う関係法律の整備等に関する法律」が成立し，同年6月2日に公布されている。

　改正民法は，基本的に一括して2020年4月1日に施行され，同日以降に成立した契約関係や発生した債権債務関係については，改正民法が適用される。

　ライセンス契約においても，自動更新条項や債権譲渡禁止特約の定めなど，改正民法の影響を受ける点が少なからずある。もっとも，一部の規定については，上記とは異なる経過措置に係る規定が設けられている。例えば，時効の中断・停止（新法においては，時効の更新・完成猶予と定義される）については，その原因となる事由が改正民法適用後に生じた場合に限って改正民法が適用される。

　また，改正民法で新設される定型約款の規定については，施行日前に締結された契約についても改正民法が適用されるものの，旧法の規定によって生じた効力は妨げられない（改正民法附則33条1項）。ただし，施行日の前日までに（解除権を有する者は除かれるが）契約当事者の一方が反対の意思表示をすれば，旧法が適用されるとされる（改正民法附則33条2項，3項）[5]。

　このように改正民法施行後も，旧法の適用が認められる場合もあり得るが，改正民法に沿った条項を検討する必要がある。したがって，本書では，改正民法の影響を受ける箇所については改正民法に沿った条項例を示すなど，改正民法に基づく条文の記載例も用意したので，適宜，参照いただきたい。

(2)　民法との関係からみるライセンス契約

　あらゆる民事上の取決めの基本となる民法からライセンス契約の法的性質を分析してみたい。民法上，「ライセンス契約」という契約類型は明示的に規定されていない。民法は有体物を前提に規定した法律であり，ライセンス契約は無体物を前提にした契約であるという違いがあることは述べたとおりである。したがって，民法をそのままライセンス契約に適用してよいかは判断に迷うところである。

　もっとも，ライセンス契約は民法が定める使用貸借契約や賃貸借契約と他人の財産を使用収益するところが類似しており，委任契約や請負契約とは，継続

5　その他経過措置に係る詳細は，筒井健夫＝村松秀樹編著『一問一答 民法（債権関係）改正』（商事法務，初版，2018年）378〜387頁を参照。

的で当事者の個性を重視するというところが類似しているといえる[6]。

　以上のことから導き出されることは，ライセンス契約は，基本的には[7]法定された物権とは解釈されていないということ，ライセンス契約の法的性質については，ライセンサーとライセンシーの間における，ライセンシーがライセンサーから差止請求や損害賠償請求権の行使を受けないことを本質的な内容とする債権関係と解されているということである[8]。

　そのため，基本的には，民法上ライセンサーとライセンシー間の具体的な権利義務は定められていないため，当事者間において，その許諾の対象や利用条件など細部についてその合意により定めなければならない。特にその許諾の範囲（地理的制限，期間制限など）は，各社のライセンスポリシーや知財戦略を踏まえた上で，その内容を詳細に定める必要がある。

6　長谷川貞之「無体財産権の管理・利用とライセンス契約」（NBL No.927）74〜75頁。
7　ここで「基本的には」と述べているのは，後述するように法律上，ライセンス契約であっても準物権的な権利として法定するものもあるからである。
8　特許法における通常実施権の法的性質について，同旨の内容を述べたものとして，大阪高判平成15年5月27日判例集未登載［育苗ポット事件］。

COLUMN　　　　　　　　　　　債権法改正との関係

　今般の債権法改正では，中間試案において，ライセンス契約を民法の「典型契約」の1つとして規定することが検討された。具体的な中間試案としては，ライセンス契約に賃貸借の規定を準用するということが検討されたが，部会内やパブリックコメントにおいて，現代の複雑かつ多様化したライセンス契約に有体物を前提とする賃貸借契約を準用するという中間試案は，かえって法的安定性を欠くものとして反対意見が多く，典型契約として明文化されることは見送られた。

　このように，ライセンス契約については，明文化の議論が起こったものの，ライセンス契約の特殊性ゆえに明文化されず，当事者間の契約自由の原則に委ねられることになったということは，裏を返せば，契約当事者が，その具体的内容を契約書において詳細に規定する必要があるということであろう。

2　知的財産法との関係からみる　　ライセンス契約

　ライセンス契約は当事者間において，その許諾の対象や利用条件など細部についてその合意により定めなければならないことは述べたとおりである。特にライセンス契約の対象となる権利によっては，利用する際の性質等が異なることから，対象となる権利の性質，規定に応じた契約を当事者間で合意の上，契約書を作成する必要がある。

　さらに，外国企業とのクロスボーダーライセンス案件の場合には，その対象となる知的財産権は対象の国ごとの規制に従うことになり，各国によりその規定の内容は異なることに留意することも必要である。

　以下では，わが国における法制度を前提として，知的財産権を対象としたライセンス契約の法的性質についてさらに検討を深めていきたい。

(1)　特許法における専用実施権と通常実施権

　特許権とは，自らの「発明」について特許出願から原則20年に限って，発明という技術情報の業としての実施行為を特許権者のみが独占的に行うことができるとする権利である。

　特許法の保護の対象となる「発明」とは，「自然法則を利用した技術的思想の創作のうち高度のもの」をいう。

　また，特許ライセンスにおいては，自己の発明について他者に利用を認める行為を「実施権」という（特許法2条3項参照）。日本の特許法上，許諾による実施権は，専用実施権および通常実施権，ならびに，それぞれについて特許を受ける権利を有する者が許諾する場合の仮専用実施権および仮通常実施権に分類される。

【図表3-1】　特許ライセンスの対象となる権利の種類

> ①　専用実施権（特許法77条）
> ②　仮専用実施権（特許法34条の2）
> ③　通常実施権（特許法78条）
> ④　仮通常実施権（特許法34条の3）

　専用実施権とは，特許権者により設定される権利であり（特許法77条1項），設定行為で定めた範囲内で，ライセンシーが発明を独占的に実施し得る権利（同条2項）である。専用実施権が設定された場合には，設定行為で定められた範囲内では，特許権者も特許発明の実施が禁止される。専用実施権は，特許権そのものと同等の物権類似の排他的権利であって，専用実施権者は自己の名で差止請求や損害賠償請求をすることができる（同法100条～103条）。もっとも，専用実施権の効力は，特許庁に所定の様式の専用実施権設定登録申請書[9]を提出し，登録しなければ発生しない。そのため，当事者間で専用実施権の設定を合意して，契約書を作成するだけでは不十分であることには留意をしなければならない。

　これに対して，通常実施権とは，専用実施権と異なり，特許発明を専有するものではなく，特許権者（あるいは専用実施権者）に特許発明の実施を認めるように請求できる債権にすぎない。そのため，特許権者は自ら特許発明を利用することも，第三者に重ねて通常実施権を認めることもできる。通常実施権を利用する場合には，ライセンス契約においては，ライセンシーの利益を保護するために第三者への重ねての実施権の許諾を認めないとの合意を取り付けることもあり，これを独占的通常実施権と呼び，特許権者さえも利用しない形態を，完全独占的通常実施権という[10]。

　なお，専用実施権と通常実施権が特許権者によって許諾されるのに対して，

9　特許庁ウェブサイトから専用実施権
（https://www.jpo.go.jp/system/process/toroku/iten/tetsuzuki_10.html）および仮専用実施権（https://www.jpo.go.jp/system/process/toroku/iten/tetsuzuki_18.html）参照。
10　同記載につき，高林龍『標準特許法（第6版）』（有斐閣，2017年）195～199頁参照。

仮専用実施権と仮通常実施権は，いずれも特許を受ける権利を有する者によって許諾されるという違いがある。特許権の設定登録がなされると，専用実施権および通常実施権として自動的に設定されたものとみなされる。

　実務上，専用実施権が設定されていることは少なく，むしろ通常実施権の設定の際に他人に実施権を付与しない旨の特約（独占的通常実施権）を付すことのほうが多い。この理由として，専用実施権は特許庁への登録が必要であるというコストに加え，専用実施権の内容が登録原簿に記載されることになり，第三者からも容易に閲覧可能となる結果，自社のライセンス戦略を含む関係性が明らかになってしまうことが一因として挙げられる[11]。

(2)　商標法における専用使用権と通常使用権

　商標法は，登録された商標について設定登録の日から原則として10年に限り，「指定商品」または「指定役務」について独占的に使用することを認めている。

　商標とは，「人の知覚によつて認識することができるもののうち，文字，図形，記号，立体的形状若しくは色彩又はこれらの結合，音その他政令で定めるもの」（商標法2条1項）とされ，その具体的な要件については，同条各号により定められている。典型例としてファッションブランドにおけるブランドマークなどが商標として認められる。

【図表3-2】商標ライセンスの対象となる権利の種類

①　専用使用権（商標法30条） ②　通常使用権（商標法31条）

　商標権については，許諾による使用権として，ライセンシーが他人に対し禁止権も取得する専用使用権（商標法30条）と，単にライセンシーに対して商標

11　「独占的ライセンス制度の在り方に関する調査研究報告書」（平成25年度特許庁産業財産権制度問題調査研究報告書）によれば，特許における専用実施権の登録件数は，年間300件前後に留まっている。

権者が商標権を行使しない旨を約した通常使用権（商標権者に対する債権）
（同法31条）の2つに分類される。

　専用使用権の場合，登録[12]が効力発生要件であるのは，特許権と同じである
（同法30条4項，特許法98条1項2号）。

　そして，特許権と同様に，実務上，専用使用権が設定されることは多くなく，
通常使用権を許諾する際に他人に使用権を付与しない旨の特約（独占的通常使
用権）を付すことのほうが多い。

(3)　著作権における利用許諾と出版権の設定

　著作権により保護の対象となる著作物とは，「思想又は感情を創作的に表現
したものであつて，文芸，学術，美術又は音楽の範囲に属するもの」（著作権
法2条1項1号）をいう。典型的には，写真や映画などがこれに当たる。

　著作権は，創作と同時に創作者（著作者）に原始的に帰属すると規定し（同
法17条），著作権法は，21条以下で著作権者が「著作物を利用する権利を専有
する」との記載となっている。著作権については，著作権法17条において，公
表権（同法18条）や複製権（同法21条）など権利の束について定めるものがこ
れに当たると定義されている。

　著作権法は，ライセンス契約に関する規定について，同法63条1項で「著作
者は，他人に対し，その著作物の利用を許諾することができる。」と定め，同
条2項で「前項の許諾を得た者は，その許諾に係る著作物を利用することがで
きる。」と定めているが，特許法と異なり，専用実施権等の独占的な形態の利
用許諾を定めていない。そのため，独占的なライセンスを希望するライセン
シーは独占的通常実施権と同様に，ライセンシー以外の者に対して利用を許諾
しない旨の特約をすることによって成立する。なお，出版権については，著作
物利用の典型的な利用契約であったことから準物権的な利用権が認められてい

12　特許庁ウェブサイト（https://www.jpo.go.jp/system/process/toroku/iten/tetsuzuki_
　　14.html）参照。

る[13]。

　以上のように，著作権法上，ライセンス契約に分類されるものは，主に以下の2つである。

【図表3-3】著作権ライセンスの対象となる権利の種類

> ①　利用の許諾（著作権法63条）
> ②　出版権の設定（著作権法79条以下）

　利用許諾とは，著作権者から禁止権を行使されないことをいい，利用許諾にも，著作権者がライセンシー以外の者に利用許諾を行わない独占的利用許諾と，ライセンシー以外にも利用許諾を行うことを認める非独占的利用許諾がある。

　また，利用許諾とは別に，著作権法が独自に定めるライセンス契約の一類型として出版権がある。出版権とは，著作権者から，出版行為等を行うことを引き受けることを約することと引き換えに，出版権者が自ら無権限の第三者に対して差止請求等を行うことができる権利である[14]。

　なお，著作権法は，特許法，商標法と異なり，登録を効力発生要件とする専用実施権や専用使用権のような規定を定めていない。出版権は，ライセンシーに当たる出版権者が自ら差止請求等を行うことができる点で専用実施権や専用使用権に似ているが，出版権は当事者間の合意のみで効力が発生する点で異なっている。出版権にも登録制度は用意されているが，出版権設定登録はあくまでも二重に出版権が設定された場合の優劣を決めるための対抗要件にしかすぎない。

13　以上につき，田村善之『著作権法概説（第2版）』（有斐閣，2001年）479頁以下参照。
14　出版権の詳細については，小坂準記「平成26年著作権法改正による出版権の見直しと施行後の実務的対応に関する考察」（日本知財学会誌2015年12月号No.2）44～51頁参照。

3　非独占的ライセンスと独占的ライセンスの法的性質の違い

　特許法，商標法，著作権法のいずれも，ライセンサーがライセンシーに対して独占的に実施等を許諾しているか否かによって非独占的ライセンスと独占的ライセンスに分類される。この非独占的ライセンスと独占的ライセンスの法的な差異は，ライセンシーが独占的に実施等ができるか否かという点だけではない。

　具体的には，ライセンシーが自ら損害賠償請求や差止請求を行うことができるか否かという問題に関連する。専用実施権，専用使用権や出版権は，それぞれ設定の範囲内で特許権者，商標権者および著作権者と同等の権利を有し，ライセンシー自らが損害賠償請求および差止請求を行うことができる。他方，独占的ライセンスや非独占的ライセンスについては，ライセンシー自らが固有の損害賠償請求や差止請求を行使することができるか否かは，条文上，明確ではない。

　独占的ライセンスおよび非独占的ライセンスを付与する（受ける）場合に，ライセンシーはいかなる範囲で権利行使を行うことができるかを理解しておくことは，契約書作成においても極めて重要である。

(1)　非独占的ライセンス

　特許法，商標法，著作権法いずれのライセンスにおいても，非独占的ライセンスの場合，ライセンシー独自の差止請求，損害賠償請求のいずれも認められず，ライセンサーのこれらの請求権に対する債権者代位権（民法423条1項）も認められないと解されている[15]。その理由としては，非独占的ライセンス契約においては，仮に第三者が権利者の許諾なしに知的財産権を利用したとしても，これによって自ら実施できなくなるものではなく，権利者に対して第三者

---

[15]　特許ライセンスにつき，前掲注10・高林203頁，商標法ライセンスにつき田村善之『商標法概説（第2版）』（弘文堂，2000年）408頁，著作権ライセンスにつき前掲注13・田村484頁参照。

の行為をやめさせるように請求できる地位にないためである。実際の裁判例においても，実用新案権に関するものであるが，ライセンシーが実用新案権の侵害者に対して，独自および債権者代位に基づき損害賠償を請求した事例において，同旨の理由によりいずれも否定されている[16]。

(2) 独占的ライセンス

まず，ライセンシー固有の損害賠償請求権については，専用実施権と同視し得る場合との条件のもと，ライセンシー固有の地位に基づく損害賠償請求が認められており[17]，学説においても，損害賠償請求を認める理論的根拠や条件について争いがあるものの，一定の条件のもとで損害賠償請求を認めている[18]。損害賠償請求を認める根拠としては，独占的ライセンスでは市場において独占的に使用することが認められる点においては固有の損害請求が認められる専用実施権等と変わらず，法的保護に値することを根拠としているように思われる[19]。

これに対して，ライセンシー固有の立場に基づく差止請求について，通常実施権や利用許諾などは，権利者に対する債権としての不作為請求権にすぎないこと，第三者からは権利の有無について認識できないことなどから，侵害者に対する固有の差止請求権を認めることはできないと解されている。損害賠償請求との差異の理由としては，差止請求が第三者との関係ではその者の利用を禁止する物権類似の機能があり，明文の場合に限り認められるべきである（物権

16 大阪地判昭和59年4月26日無体裁集16巻1号271頁［架構材の取付金具事件・一審］，その控訴審高裁判例についても結論は維持されている。
17 意匠権に関する裁判例ではあるが，大阪地判昭和59年12月20日無体裁集16巻3号803頁［セットブラシ事件判決］の他，大阪地判昭和54年2月28日無体裁集11巻1号92頁［人工植毛用植毛器事件］などがある。
18 商標権について，前掲注15・田村409〜410頁。著作権について前掲注13・田村485〜486頁。特許権について，中山信弘『特許法（第4版）』（弘文堂，2019年）545〜548頁参照。
19 この点について，「法理論というよりは，登録を効力要件とする専用実施権の利用率が低く，登録を経ない独占的通常実施権が専用実施権に代わるものとして活用されている現状に基づいた，政策的観点からの見解」と整理する学説もある（前掲注10・高林205頁参照）。

法定主義，民法175条）ことなどが挙げられる[20]。

　以上のようにライセンシー固有の差止請求権が原則として認められないとしても，ライセンシーが債権者代位権（民法423条）に基づき，ライセンサーの差止請求ができるか否かが問題となる。この点について争われた裁判例[21]では，特許権に関して，実施許諾者が特許権者に対して自己に独占的に特許発明を実施させるように請求する債権がある場合に，これを被保全債権として独占的通常実施権者による差止請求の代位行使をし得ると述べている（もっとも，結論としては請求棄却とされている）。

　一方で，前掲注17セットブラシ事件においては，裁判所は，侵害品が出回った際に許諾者が侵害排除の義務を負わない場合には，被保全債権を欠くとして代位行使を否定している。これらの裁判例に対する学説の評価は分かれているものの，少なくとも独占的ライセンス契約において，ライセンシーが侵害者に対する差止請求を求める場合には，ライセンシーがライセンサーにおいて侵害を排除する義務を明記することが必要となると考えられる[22]。

(3)　非独占的ライセンスと独占的ライセンスに関するまとめ

　以上のように，ライセンス契約が独占的ライセンス契約か非独占的ライセンス契約であるかにより，ライセンシー自らが第三者に対して損害賠償請求や差止請求を行うことができるかは異なる。非独占的ライセンスの場合には，自らが第三者に対する措置を取れない場合，権利者に対して期待するしかない。そこで，ライセンス契約締結の際には，当事者間で当該ライセンスの性質について確認をすることが重要となる。

　なお，実務上，独占的ライセンスであるか否かは明確に記載がなされていないために紛争になることも少なくない。裁判例においても，当事者間で締結された特許ライセンス契約について独占性の有無が争われた事案において，裁判

20　前掲注10・高林204頁参照。
21　東京地判昭和40年8月31日判タ185号209頁［カム装置事件］。
22　前掲注10・高林206頁参照。

所は，契約書上に独占的に実施することを許諾する旨の記載が全く含まれていないことなど契約上の文言や，ライセンサーが独占的に許諾するものではない意図を明らかにしていたこと，実施許諾料の金額などの事情に照らし，非独占的通常実施権と認定した事例[23]がある。当事者間で合意した内容が独占的ライセンスである場合には，ライセンス契約書においてもその旨を明記しておくことが肝要である。

4　ライセンス契約の譲渡[24]

大企業間の組織再編のみならず，ベンチャー企業の買収等が増えており，M&Aが活発に行われるようになっている。M&Aにおける買主の目的として，買収対象会社が有する技術やノウハウなどの知的財産を取得することが挙げられ，以下では，M&Aにかかわる重要な法制度である当然対抗制度（特許法99条）について概観し，M&Aがライセンス契約に与える影響について概説する。

(1)　当然対抗制度

従来，ライセンサーがライセンスの対象となる知的財産権やそれを含む事業を譲渡した場合やライセンサーがライセンス契約の締結期間中に倒産した場合などについて，ライセンシーが第三者に対してライセンス契約による実施，利用，使用の許諾の効力を対抗できるのかについて明らかではなかった。このような問題に対応するため，平成23年特許法改正（平成23年6月8日法律第63号）において当然対抗制度が導入された。

同制度は，ライセンス契約の締結期間中に，通常実施権について，その発生後にその特許権もしくは専用実施権，またはその特許権についての専用実施権

23　東京地判昭和50年9月29日判例集未登載［エディックス法排水処理装置事件］。
24　この他，事業再編とM&Aの関係につき，山内真之「特許ライセンス契約のチェックポイント—メーカー企業のM&Aを想定して—」（Business Law Journal 2019年8月号22頁以下）参照。

を取得した者に対しても，その効力を有すると定めている（特許法99条）。同様の制度は，実用新案権や意匠権の通常実施権・仮通常実施権についても準用されている（特許法99条，34条の5，実用新案法19条3項，4条の2第3項，意匠法5条の2第3項，28条3項参照）。

　なお，著作権についての当然対抗制度は本書執筆時には導入されておらず，上記の問題は依然として残ることから，ライセンシーとしては，あらかじめライセンス契約書内でライセンスに関して譲渡を禁止しておくなど，事前に対策を講じておく必要がある（もっとも，本書執筆時に法案として閣議決定されており，国会において審議を経て導入される見込みである）。

　このように当然対抗制度の導入により，ライセンシーは少なくとも第三者からライセンスの対象となる知的財産権についての利用の差止めや損害賠償請求を受けるおそれは回避されることとなった。

(2)　契約上の手当て

　もっとも，当然対抗制度は，ライセンシーが当該特許の利用について第三者に対して「対抗できる」と定めたにすぎず，これにより多様な条項を含むライセンス契約自体が承継されるかについては判例学説上もいまだ明らかではない。

　そのため，いずれにせよライセンス契約締結の際には，ライセンシーとして，契約交渉において以下のような事前の対策を取ることが重要となる。

　まず，①知的財産権の譲渡の禁止を定めることが考えられる。もっとも，この場合でも，債権的効力を有するに留まり，ライセンシーはライセンサーに対して損害賠償請求ができるにすぎない。次に，②知的財産権の譲渡を含む事業譲渡に関与して，特許譲受人との関係で新たなライセンス契約締結の機会を得るために，知的財産権の譲渡の際にはライセンシーの事前の同意を得ること，および当該条件に違反した場合には，違約金を定めるなどの手当てをしておくことが考えられる。そして，③知的財産権の譲渡を可能としつつ，特許権者に譲受人へのライセンス契約の承継義務を負わせるよう定めた条項を設けることなどの対策が考えられる。

　以上はライセンシーの立場からの留意点であるが，ライセンサーについても事前の対策が必要である。すなわち，特許法94条によれば，通常実施権については，「実施の事業とともに」移転する場合には，特許権者の同意なく移転することができるとされている。そのため，ライセンサーとしては，自己の意図しない者が通常実施権を有することになるおそれがある。また，ライセンシーがライセンサーの競業他社に買収された場合などには，自らの競合他社にライセンスを提供することになるおそれがある。これらのリスクを回避するため，契約交渉の際，ライセンシーの株主構成に変更が生じた場合には，それを契約の終了事由あるいは解除事由とする条項（Change of Control条項という。）を定めることなどにより手当てしておくことが重要となる。

ライセンス契約における
法令の適用

　ライセンス契約において，民法，知的財産法との関係性が重要であることは，これまでに述べたとおりである。本章では，民法，知的財産法以外のライセンス契約に関連し得る法令に関して検討を行う。

1　商法／会社法

　会社法では「会社……がその事業としてする行為及びその事業のためにする行為は，商行為とする。」（会社法5条）と規定している。そして，商法は，「当事者の一方のために商行為となる行為については，この法律をその双方に適用する。」（商法3条1項）と規定されている。したがって，少なくとも契約当事者の一方が会社であり，当該ライセンス契約の締結がその事業としてする行為またはその事業のためにする行為であれば，当該ライセンス契約の締結においては商法が適用されることになる。

2　独占禁止法[25]

(1)　知的財産法と独占禁止法の関係

　技術に関するライセンス契約を締結する際には，私的独占の禁止及び公正取引の確保に関する法律（「独占禁止法」と略称されることが多い。以下「独禁法」という。）の定めについて配慮することが重要となる。

　まず，独禁法は，事業者がその地位を利用して他の事業者に比して不当に有利な条件で取引を行うことを禁止している。もっとも，同法21条は，「この法律の規定は，著作権法，特許法，実用新案法，意匠法又は商標法による権利の行使と認められる行為にはこれを適用しない。」と規定し，知的財産権の行使については，当然には独禁法の適用がされないものと規定している。これは，本来知的財産権は，権利者に権利の独占を認める制度であるところ，知的財産法に配慮した趣旨といわれている。

　公正取引委員会が公表している「知的財産の利用に関する独占禁止法上の指針」（平成19年9月28日公表，以下「知的財産ガイドライン」という。）によれば，「権利の行使と認められる」か否かは，①外形上，権利の行使と認められない場合，②外形上は権利の行使と認められる場合でも，「行為の目的，態様，競争に与える影響の大きさも勘案した上で，事業者に創意工夫を発揮させ，技術活用を図るという，知的財産権の趣旨を逸脱し，又は同制度の目的に反すると認められる場合」に当たるかにより判断されることとなる。いかなる場合が①または②に当たるかは個別具体的な状況により判断されることになるが，権利を有する知的財産権の行使であっても，一定の場合には独禁法違反となり得ることには留意が必要となる。

25　「知的財産の利用に関する独占禁止法上の指針」について公正取引委員会HP参照
　　https://www.jftc.go.jp/dk/guideline/unyoukijun/chitekizaisan.html。

(2)　独禁法による規制

　ライセンス契約における独禁法の適用については，主にライセンス契約締結時，ライセンス内容の条件の拘束，ライセンス契約終了時がそれぞれ問題となる[26]。以下，それぞれの場面ごとに代表的な規制を概観する。

ア　ライセンス契約の締結時

　ライセンス契約において，原則としてライセンサーは自らのライセンス先を自己の判断で選別することができ，他の事業者に対してライセンスを行わないこともできる。しかし，権利者が他の事業者と協力して行う場合のみならず，単独で行う取引拒絶であっても，取引を拒絶される側が他に代わりの事業者を容易に見出すことができないことなどにより事業活動が困難となる場合に，合理的な範囲を超えて取引を拒絶することは，市場における競争を減殺する効果の程度によっては，私的独占（独禁法2条5項）[27]または取引拒絶（一般指定2項）として，独禁法上問題となる[28]。

イ　ライセンス契約の条件の拘束

　ライセンス契約では，通常ライセンサーがライセンスの対象となる技術を利用できる事業活動を限定（許諾する技術の範囲，技術利用の範囲，期間など）をしたり，利用に際して条件をつけたりすること[29]が想定されている。そのため，これらの制限行為は一般には権利の行使と認められるものであり，原則として不公正な取引方法に該当しない。もっとも，ライセンス技術を用いた製品の販売の相手方を制限する行為や，再販売価格の維持を条件にライセンスするなど，ライセンシーの事業活動の根本に制限を加える事項の制限は，原則として市場における競争を減殺する効果がある場合として，私的独占や拘束条件付

26　金井貴嗣ほか編『独占禁止法（第5版）』（青林書院，2015年）405〜423頁。
27　取引拒絶による私的独占の具体例として「パチンコ機製造事件」平成9年8月6日審決。
28　知的財産ガイドライン第3−1−(1)および第4−2−(1)参照。
29　利用範囲の制限と利用の条件を分ける視点について，知的財産ガイドライン第3−1−(1)および同(2)。

取引（一般指定12項）として独禁法に抵触し得ると考えられている[30]。

ウ　ライセンス契約の終了時

　ライセンス契約においては，ライセンシーがライセンスされた技術をもとに開発した改良技術の帰属先をライセンサーとする条項が入れられることが稀に見受けられる。もっとも，このような条項は，ライセンサーの地位をより強化し，ライセンシーにとっては，研究開発意欲を損なうものとして，原則として不公正な取引方法に当たるものとされている。そのため，このような条項を定める場合には，ライセンシーに対して相当の対価を支払うことなどの手当てが必要となる[31]。もしくは，本書のサンプル契約書の条項例のような規定に留めておく必要がある。

　ライセンス契約においては，ライセンサーがライセンシーに比べ有利な地位になることが多く，契約交渉もライセンサー主導で行われることが一般的であるが，ライセンサーとしては，ライセンス契約の定めにおいても独禁法が問題となることに留意するとともに，ライセンシーとしては，契約交渉の際に，これらを引き合いに有利な条件を勝ち取ることも可能である。

3　破　産　法

(1)　ライセンス契約において関連する破産法の規定

　ある企業が破産（倒産）した場合には，破産手続開始時において，債権者が破産した企業に対して有する契約上の債権は，原則として破産債権となる。一方で，破産した企業が有する契約上の債権は，原則として破産財団となる。この場合に双方の債務の履行が未了の場合には，破産手続においては特別な手続

30　知的財産ガイドライン第4−4参照。
31　知的財産ガイドライン第3−1−(8)。

に服する[32]。すなわち，破産管財人は，契約を解除し，または債務の履行を請求することができる（破産法53条1項，民事再生法49条，会社更生法61条1項）。

(2) ライセンス契約への影響

では，ライセンサーが破産した場合には，ライセンス契約の帰趨はどうなるのか。

ライセンス契約にロイヤルティの支払が条件とされている場合，ライセンサーが破産した時には，当該契約は，ライセンサーの実施，利用許諾義務とライセンシーのロイヤルティ支払義務が双方未履行の債務となり，破産法の規定に従えば，破産管財人はライセンス契約を解除する選択権を有することになる。この場合，ライセンサーの特許発明等を利用してビジネスを行っているライセンシーは，解除を選択されると事業活動の継続が困難となる。

そこで，この点について破産法56条は，「賃貸借その他の使用および収益を目的とする権利を設定する契約について破産者の相手方が当該権利につき登記，登録その他の第三者に対抗することできる要件を備えている場合には，適用しない。」としている。すなわち，ライセンス契約も「その他の使用および収益を目的とする権利」とする権利に当たるところ，同条により，ライセンシーがその対象となる権利について知的財産法上，第三者に対抗できるための要件を備えている場合には，契約解除されることなく事業をそのまま遂行できることとなる。

知的財産権の対抗要件については，上述のように，特許権，実用新案権および意匠権では，通常実施権については当然対抗制度が導入されている（特許法99条，34条の5，実用新案法19条3項，4条の2第3項，意匠法5条の2第3項，28条3項）。そのため，通常実施権は，その発生後に特許を取得した者にも効力を有することになるから，その許諾により当然に本条を充足すること

---

32 山本和彦ほか『倒産法概説（第2版補訂版）』（弘文堂，2015年）207頁。

なる。また，商標権については，通常使用権の場合には登録が対抗要件となっている（商標法31条4項）。

　一方で，著作権（出版権を除く）やノウハウ等については，その利用権やライセンスについて対抗力を具備する制度が，本書執筆時においては導入されておらず，その対応問題は依然として残っていることから，著作権法においても当然対抗制度の導入が待たれる。

4　印紙税法

　契約書を作成する際，一定の契約書には原本の通数に応じて印紙税の納税が義務付けられている。そしてどのような場合にいくら印紙税を納めれば良いのかについて規定しているのが印紙税法である。印紙税法上は，20種類の文書が課税対象となる文書として規定されている。

　ライセンス契約の場合，印紙税法が定める課税対象となる文書としては記載されていないため，基本的にはライセンス契約書には印紙を貼る必要はない。

　もっとも，「無体財産権の譲渡に関する契約」（1号文書）[33]には印紙を貼る必要がある。したがって，例えば，著作物利用許諾契約書の中でライセンシーが新たな著作物を創作し，かかる著作物の著作権をライセンシーからライセンサーに譲渡させる場合には，ライセンス契約書であっても，1号文書に該当することになる。

　このように，印紙税法上の課税文書に該当するか否かについては，その表題によって定められているわけではなく，その内容の実質を見て決定されるものである。

　印紙税は，たとえその納税に違反があった場合でも，契約書の効力が無効になるわけではなく，契約そのものに影響はない。しかしながら，後になって印

33　印紙税の適用についての一覧
　（https://www.nta.go.jp/publication/pamph/inshi/pdf/zeigaku_ichiran.pdf）。

紙税を納税していないことが発覚した場合は，過怠税を含め当初の約３倍もの
金額を支払わなければならないため，注意する必要がある。

第 **5** 章

特許実施許諾契約書の解説

　本章では，特許権のライセンス契約において典型的に規定されている条項について，サンプル契約の条項案を前提として説明する。

　特許権のライセンス契約を締結するに至るケースには様々な場合が考えられる。典型的には，ライセンシーがライセンサーの保有する特許を実施することを希望し，ライセンサーがロイヤルティ収入を確保することを希望して，契約に至るというケースが想定されるが，特許権者と特許権侵害者との間の交渉や訴訟の結果としてライセンス契約の締結に至ることもある。

　また，その他にも，ライセンシーとの協力体制を強化することを目的としてライセンス契約を締結する場合や，共同開発を行った発明が一方のみに帰属した場合に他方にライセンスする場合，特許権者がその関連会社や業務委託先に特許権を実施させるためにライセンス契約を締結する場合などもある。

　このように，特許権のライセンス契約の締結に至る背景はケースバイケースではあるが，以下では，ごく単純な事例として，ライセンシーが特許発明を実施して製品を製造・販売しようと考え，ライセンサーはロイヤルティ収入を得るために特許権の実施許諾契約を締結する，という場面を想定し，これを前提としたサンプル契約書（「特許実施許諾契約書」）を見ながら，特許ライセンス契約に共通する留意点等について説明することとする。

　なお，実際には，「特許実施許諾契約」や「ライセンス契約」といった名称

の契約でなくても，実質的にその契約内容の一部として，特許権の実施が許諾されている場合もある。特許権の実施許諾を主たる内容とする「特許実施許諾契約」や「ライセンス契約」を締結するか，あるいは他の内容の合意を含む契約書の中に特許権の実施に係る規定を盛り込むかは，基本的に契約当事者が自由に決定できる。

　いずれにせよ，以下で説明する内容は，契約内容として特許権の実施許諾の合意が含まれる以上は，どのような名称の契約とする場合であっても妥当することになるものである。

1　前　　文

> （前文）
> ○○株式会社（以下「甲」という。）と○○株式会社（以下「乙」という。）は，甲の保有する特許権の実施許諾に関し，以下のとおり契約（以下「本契約」という。）を締結する。

　前文においては，契約当事者が明示され，当該契約当事者が第1条以下に規定されている契約条件について合意することが規定されている。

　基本的な事項ではあるが，契約書に規定された各条件に拘束されるのは，契約書に規定された条件について合意し，契約書末尾に署名または記名押印した当事者のみであり，契約書に署名または記名押印していない第三者の義務を規定しても，当該第三者は当該契約書に規定した条件には拘束されないことには留意が必要である。例えば，後述する第3条において，「再実施許諾を受けた第三者も，甲に対して，本契約に規定する義務を負う。」などと規定しても，当該第三者が直接この契約に拘束されることにはならない。

　この点は，契約書を作成する上で，基本的な事項ではあるが，極めて重要な点であるので，必ず押さえておきたい。

2　実施許諾

第1条（実施許諾）

1　甲は，乙に対し，甲の保有する下記の特許権（以下「本特許権」という。）について，次項に定める範囲における非独占的通常実施権（以下「本実施権」という。）を許諾する。

記

特　許　番　号：特許第○○号
発明の名称：○○
出　　願　　日：XX年XX月XX日
登　　録　　日：XX年XX月XX日

2　前項により許諾される本実施権の範囲は，次のとおりとする。
　(1)　地域：日本国内
　(2)　期間：本契約の有効期間
　(3)　態様：本特許権に係る発明（以下「本発明」という。）の実施品（以下「本実施品」という。）の製造及び販売

　本条第1項においては，実施許諾の対象となる特許権が特定され，当該特許権について，甲が乙に対して非独占的な通常実施権の実施許諾をすることが規定されている。また，本条第2項においては，許諾される実施権の範囲が規定されている。

(1)　特許権の特定

　実施許諾の対象となる特許権の特定方法としては，基本的には，特許番号と発明の名称を記載すれば特定としては十分であることが多いと思われるが，これらに加えて，出願日，登録日，発明者等の情報が併記されることも多い。

　また，複数の特許権を列挙して実施許諾を行う場合には，契約書の見やすさの観点から，ライセンスの対象とする特許権は別紙に列挙するという形式にし

てもよい。

　以上の他，契約書で特許番号を明記することはせず，ライセンサーの保有する一定の範囲の特許権を包括的にライセンスする場合もある。例えば，「甲は，乙に対し，甲が現に保有し又は将来保有する○○の分野に係る特許権について，……非独占的通常実施権……を許諾する。」と規定する等の場合である。このような包括的ライセンスを行う場合には，例えば，日本国外の特許権を含むのか，後述する特許登録前の発明を含むのかなども含め，実施許諾の対象となる特許権の範囲が十分に明確になっているかについて，慎重に確認すべきであろう。

　なお，ライセンシーとしては，ライセンス対象となる特許権が有効に存続しているか，対象となる特許権に専用実施権が設定されていないか，その他本契約に基づくライセンスの効力を制限または阻害する事情がないか，契約締結前に，特許原簿により確認することが望ましい。

(2)　実施権の種類

　サンプル契約書においては，非独占的通常実施権の許諾をする場合についての条項案を示したが，ライセンス契約に基づく実施権の種類には，特許法上，「専用実施権」と「通常実施権」がある。また，通常実施権は，一般的に「独占的通常実施権」と「非独占的通常実施権」とに区分されることが多い。

　以下では，これらの概念について簡単に説明する。

ア　専用実施権と通常実施権

　前述のとおり，専用実施権と通常実施権は，特許法において明記されている実施権の種類である（特許法77条，78条）。

　専用実施権は，対象となる特許発明を独占的・排他的に実施することができる権利である。専用実施権の設定は，当事者間で専用実施権の設定について合意をした上で，専用実施権設定登録をしてはじめて設定の効力が生ずる（特許法98条1項2号）。設定登録は対抗要件ではなく効力要件であるため，専用実

施権設定登録を行わない場合には，専用実施権の効力は生じない。

　専用実施権を設定する旨のライセンス契約を締結したにもかかわらず，設定登録をしていなかった場合，当該ライセンス契約は，設定登録をするまでの間は，特段の事情のない限り，後述する独占的通常実施権の設定としての効力を生じると解される[34]。

　専用実施権を設定した場合と通常実施権を設定した場合の法的効果の差異は，前述23頁「(1)特許法における専用実施権と通常実施権」のとおりであるが，専用実施権の設定を行う場合の注意点としては，専用実施権を設定した範囲においては，特許権者は，原則として，自ら特許発明の実施をすることも，第三者に対して別途の実施許諾をすることもできないことに留意が必要である。また，そのような特性からして，サンプル契約書のように，売上に一定のパーセンテージを乗じてロイヤルティを算出するものと定めてしまうと，専用実施権者が特許を実施しなくなった場合に，自ら特許を実施できないだけでなく，ロイヤルティ収入を得ることもできなくなってしまうおそれがある[35]。そのため，専用実施権の設定を行う場合，特許権者としては，専用実施権者が万一特許を実施しなかった場合であってもロイヤルティ収入を得られるよう，ミニマム・ロイヤルティを定める等の対応をしておくことが望ましい。

　また，専用実施権の設定の効力を生じさせるためには設定登録が必要となることから，設定登録への協力義務や登記費用の負担等に関する規定の要否についても，検討が必要となろう。

　ただし，上述のとおり，専用実施権の設定例は，通常実施権の許諾に比して非常に少ないため，サンプル契約書では，通常実施権の許諾を前提として説明を行っている。

34　知財高判平成22年7月20日最高裁HP［冷凍システム並びに凝縮用熱交換装置事件］。
35　専用実施権者が特許を全く実施せず，これにより，特許権者が自ら実施することも第三者に実施させることもできないにもかかわらず，特許権者が特許維持費用の支払義務は負うことになるという場合，専用実施権者には，信義則や黙示の合意に基づく実施義務が認められる余地がある（大阪地判平成31年2月28日最高裁HP［ちりめん製造法事件（一審）］および知財高判令和元年9月18日最高裁HP［ちりめん製造法事件（控訴審）］）。

イ　独占的通常実施権と非独占的通常実施権

　通常実施権を設定する場合でも，特許権者と実施権者との間で，特許権者がその実施権者以外の者に重ねて実施許諾を行わないこと，すなわち，その実施権者が独占的に特許発明を実施することを合意することができる。このような合意を伴う通常実施権が，「独占的通常実施権」である。「非独占的通常実施権」は，このように実施権者が独占的に実施することについての合意をしていない通常実施権である。

　独占的通常実施権と非独占的通常実施権という区分は，特許法上で規定されているものではなく，当事者間の合意した通常実施権の特徴を示す一般的な呼称である。

　独占的通常実施権は，独占的ライセンスであるという点において専用実施権と似た側面があるため，専用実施権の設定の場合と同様にミニマム・ロイヤルティを定める等の対応を検討する必要がある。

　他方で，独占的通常実施権における独占性は，あくまで当事者間での合意に基づくものであって，専用実施権のように法律上認められるものではない，という点で両者は異なっている。すなわち，独占的通常実施権の許諾をした場合でも，ライセンサーがライセンシー以外の者に対して行った実施許諾は有効である（その点で専用実施権と異なる）が，そのような実施許諾をした場合には，ライセンサーはライセンシーに対して契約上の義務違反の責任を負う，ということになる。

　独占的通常実施権の設定を行う場合には，単に「独占的通常実施権」の許諾と規定するだけでは，特許権者自身の実施が禁止されるのか否かについて疑義が生じる可能性もあるため，特許権者自身の実施の可否については契約書に明記しておいたほうがよい。なお，特許権者自身の実施も禁止する趣旨を示すために「完全独占的通常実施権」と規定されることもあるが，端的に特許権者自身の実施の可否を条文上明記したほうが，当事者間で誤解が生じるおそれがなくてよいのではないかと思われる。

(3)　仮専用実施権・仮通常実施権（特許登録未了の発明についてのライセンス）

　特許発明に係るライセンス契約は，当該特許の登録がまだ完了していない段階においても，締結されることがある。特許権者は，出願公開後に警告をすることにより，特許発明を実施している者に対して，特許が成立した後に補償金請求をすることができ（特許法65条），また，特許成立前に実施許諾を受けて製造した物については，成立後に譲渡しても侵害にはならないと考えられるため，ライセンシーとしても，特許登録完了前に実施許諾を得ておく意味はある。

　特許登録前のライセンスには，特許法上，上述した専用実施権と通常実施権に対応して，仮専用実施権（特許法34条の２）と仮通常実施権（特許法34条の３）がある。仮専用実施権の設定は，専用実施権の登録と同様，特許を受ける権利を有する者と実施権者との間で仮専用実施権の設定について合意をした上で設定登録をしてはじめて設定の効力が生じる（特許法34条の４第１項，27条１項４号）。仮通常実施権の許諾は，通常実施権と同様，特許を受ける権利を有する者からの許諾を得ることのみによって効力を生じる（特許法34条の５）。仮専用実施権や仮通常実施権は，「その特許出願の願書に最初に添付した明細書，特許請求の範囲又は図面に記載した事項の範囲内において」設定または許諾することができるとされている（特許法34条の２第１項，34条の３第１項）。

　特許登録が完了していない段階においてライセンス契約を締結する場合に特有の問題として，当該ライセンス契約を締結した後に，事後的に特許権が成立しないことが確定した場合の扱い，特に，その場合に既に支払ったロイヤルティの返還を請求できるかが問題となり得る。また，似たような問題として，特許権者が審査請求をせずにみなし取下げとなった場合にどうなるか，特許請求の範囲が補正により減縮された場合はどうなるか（例えば，減縮によってライセンシーの製造する製品が特許請求の範囲から外れた場合に，既払いのロイヤルティの返還請求ができるか），という点が後に問題となるおそれもある[36]。

　そのため，特許登録未了の発明についてライセンスを行う場合には，当事者間で後に紛争が生じることを防止するため，以上のような事態が生じた場合に

どのように扱うかという点について，契約上明確に規定しておくことが望ましい。

(4)　実施許諾の範囲

　実施許諾の範囲は，地域，期間，態様等で特定されることが多い。以下では，サンプル契約書で示した地域，期間，態様の規定について簡単に説明を行う。

　これらの範囲については，何らの態様も規定しなかった場合には，基本的にはいかなる態様での実施も許諾したものと解されることになる一方，地域，期間，態様等を実施許諾の範囲として特定した場合には，規定された範囲においてのみ実施が許諾されたものと解釈されることになるのが通常であると考えられる（ただし，契約書上のその他の文言等によって当事者の意思が推認され，異なる解釈がなされる可能性はある）。

　例えば，実施許諾の範囲として「地域」を規定しなかった場合，ライセンシーが発明を実施できる地理的な範囲には何らの限定もないものと解され，サンプル契約書のように「態様」として「製造及び販売」を規定した場合には，「製造」と「販売」以外の行為については実施許諾はなされていないと解されることになる可能性が高いだろうと思われる。

　したがって，実施許諾の範囲については，適切な範囲が規定されているかについて慎重に確認する必要がある。

ア　地　　域

　サンプル契約書では，「(1)　地域」として，実施許諾に基づいてライセンシーが発明を実施することのできる地理的な範囲を規定している。

　地域については，サンプル契約書では「日本国内」としたが，日本国以外の特定の国を指定したり，全世界を実施地域としたりすることも可能であり，逆に，日本の一部のみを実施地域として規定することも可能である。ただし，日

36　中山信弘＝小泉直樹編『新・注解　特許法（第2版）』上巻（青林書院，2017年）538頁以下参照。

本特許の効力が及ぶ範囲は日本国内に限定されるため，ライセンスの対象とする特許に外国が含まれない場合には，日本国以外の国を実施地域とする意味はない点には，留意が必要である。

イ　期　　間

サンプル契約書では，「(2)　期間」として，実施許諾に基づいてライセンシーが発明を実施することのできる時間的な範囲を規定している。

この条項案では，本契約の有効期間と実施許諾の期間とを一致させているが，必ずしも両者を一致させる必要はない。また，サンプル契約書では，疑義が生じることを避けるために実施許諾の期間を明示的に規定しているが，仮に期間を規定しなかった場合には，通常は，実施許諾の期間は本契約の有効期間と同一であると解釈されることになると考えられる。

ウ　態　　様

サンプル契約書では，「(3)　態様」として，実施許諾に基づいてライセンシーが発明をいかなる態様で実施することができるかを規定している。

実施態様について規定する場合，特許発明の実施行為（特許法2条3項）を意識して規定することが，適切な範囲での実施許諾を規定するために有用であると考えられる。例えば，物の発明のライセンスであれば，特許法2条3項1号に規定されている，物の「生産」，「使用」，「譲渡等」[37]，「輸出」もしくは「輸入」または「譲渡等の申出」[38]といった実施態様のうち，ライセンシーがいずれの実施行為を行う可能性があるかを検討すればよい。

既に述べたとおり，実施許諾の範囲として一定の態様を規定する場合，規定されていない態様については通常は許諾範囲外であると解釈される可能性が高いと思われるため，ライセンシーとしては，例えば，製造した製品を自ら使用

37　譲渡および貸渡しをいい，その物がプログラム等である場合には，電気通信回線を通じた提供を含む（特許法2条3項1号）。
38　譲渡等のための展示を含む（特許法2条3項1号）。

したり輸出したりする可能性があるのに，「製造」（生産）や「販売」（譲渡）のみを規定して，「使用」や「輸出」に相当する行為を規定し忘れたりすることがないよう注意すべきである。

エ　その他

　実施許諾の範囲の規定の仕方は法律上決まっているものではなく，サンプル契約で規定した地域，期間および態様の他にも，実施分野，実施数量，販売先等を実施許諾の範囲として規定することも可能である。

　例えば，本発明が複数の技術分野にわたって利用可能な汎用的な技術であり，かつ，ライセンシーがそのうち一部の技術分野においてのみ本発明を実施することを希望している場合には，実施許諾の範囲を当該一部の技術分野に限定することも可能である。

(5)　下請製造

　サンプル契約書においては，下請製造については特段の規定がないが，一般的に，以下の要件をすべて具備するときは，許諾者の承諾がなくとも，実施権者は特許製品を第三者に製造（下請製造）させることができるものと解されている[39]。

① 　実施権者が下請製造者に工賃を支払うこと
② 　実施権者が，原材料の購入，品質等について指揮・監督すること
③ 　実施権者が下請製造者の製造した製品全部を引き取ること

　もっとも，現実には，上記①〜③を満たすか否かは，必ずしも明確ではないことが多いと考えられる。そのため，下請製造がなされる可能性がある場合には，下請製造の可否を契約書に明記しておくことや，必要に応じて下請製造が

---

[39]　最判平成9年10月28日集民185号421頁［鋳造金型事件］等参照。

認められる場合の条件についても規定しておくことが考えられる。

　以下の条項案は，下請製造がライセンシーの自己実施に含まれるものと規定する例である。

〈下請製造がライセンシーの自己実施に含まれるものと規定する条項例〉

　2　前項により許諾される本実施権の範囲は，次のとおりとする。

　(1)　地域：日本国内
　(2)　期間：本契約の有効期間
　(3)　態様：本特許権に係る発明（以下「本発明」という。）の実施品（以下「本実施品」という。）の製造（下請製造を含む）及び販売

　一方，ライセンサーとしては，ライセンス契約において下請製造が可能である旨を明記していなくとも，上記①〜③の要件が満たされれば，ライセンシーが第三者に対して自由に下請製造させることが認められる可能性があることとなる。そこで，ライセンサーとしては，下請製造を制限したいと考える場合には，例えば，第三者に下請製造させることを禁止する旨を規定したり，下請製造を認める条件として特許権者の書面による事前の承諾を要する旨を規定したりすることを検討すべきである。

　その他，ライセンサーとしては，下請製造を認める場合，再実施許諾の場合と同様に，下請製造業者との契約において，本契約においてライセンシーが負う義務と同等の義務を下請製造者に負わせ，下請製造者の義務違反について実施権者が責任を負う旨を規定しておくことも考えられる。

COLUMN　FRAND宣言と標準必須特許のライセンス

　近年，標準必須特許（Standard Essential Patent，SEPとも呼ばれる）の取扱いが世界各国で議論となっている。標準必須特許とは，標準規格の実施に不可欠となる特許のことであり，主に無線通信，音声・動画圧縮，ブルーレイディスクなどの記録媒体等の分野において多く存在する。標準必須特許は，通常の特許とは異なり，その分野の事業を行う企業にとって特許の実施を回避することが困難であるという特殊性がある。今後，５Ｇ通信技術やIoT（Internet of Things）の普及に伴い，これまで標準規格に関する技術とは無縁だった多くの企業が，５GやIoTに関する標準規格を用いることが想定されており，標準必須特許についてライセンスを受ける必要に迫られることが予想される。

　標準必須特許に関して，多くの標準化団体（Standard Setting Organization，SSOとも呼ばれる）は，技術標準の実施に必要な標準必須特許の幅広い活用を促して標準技術を広く普及させるため，標準必須特許のライセンスを行う際には，実施者に対して公平，合理的かつ非差別的な条件（FRAND条件）でライセンスが行われるような方針を策定している。そして，このような方針に従い，標準化団体の加入者がFRAND条件でライセンスを行う旨の宣言を行うことを，FRAND宣言という。FRAND宣言のなされた特許権の行使については，裁判例上，FRAND条件でライセンスを受ける意思を有する者に対する差止請求権の行使は権利の濫用として許されないなど，一定の制限を受けるものとされている[40]。

　特許庁は，平成30年６月，標準必須特許をめぐる紛争の未然防止および早期解決を目的として「標準必須特許のライセンス交渉に関する手引き」を公表した[41]。上記手引きは，上述した近年のIoTの普及等によるライセンス交渉における状況の変化等を踏まえ，FRAND宣言のなされた標準必須特許のライセンスに関して，ライセンスの透明性と予見可能性を高め，特許権者と実施者との間の交渉を円滑化し，紛争を未然に防止すること等を目的として公表されたものである。

　上記手引きには，標準必須特許のライセンス交渉の各段階における論点や，交渉の当事者としての留意点やとり得る対抗手段等が紹介されている。もっとも，標準必須特許をめぐる議論は世界的に極めて流動的な状況であり，その時々の実務状況や各国の裁判例のトレンド等も踏まえた慎重な対応が求められる。

---

[40]　日本では，知的財産高等裁判所のアップル対サムスン事件大合議判決（知財高決平成26年５月16日，知財高判平成26年５月16日判タ1402号166頁）が先例とされているが，各国の裁判例が示す基準は様々であり，標準必須特許をめぐる議論は未だ流動的な状況である。

[41]　https://www.jpo.go.jp/support/general/sep_portal/document/index/guide-seps-ja.pdf。

3　再実施許諾

> 第2条（再実施許諾）
> 乙は，本実施権について，甲の事前の書面による承諾を得た場合を除き，第三者に対して再実施許諾を行う権利を有しない。

　再実施許諾に関しては，特許法上，専用実施権者は特許権者の同意なく他人に通常実施権を再許諾することはできず（特許法77条4項），通常実施権者についても同様に解されているため，ライセンス契約に実施権の再許諾を認める旨の規定がない限り，ライセンシーは第三者に実施権を再許諾できないのが原則である。

　サンプル契約書では，紛争の未然防止の観点から，本実施権に基づく再実施許諾については，ライセンサーの事前の書面による承諾を条件とすることを明記している。また，本条項案では，再実施許諾を行う際の条件については細かく規定はしていないが，特許権者側としては，例えば，「乙は，再実施許諾を受けた第三者に対し，本契約において自己が負うのと同様の義務を負わせるものとし，その義務違反について甲に対して責任を負うものとする。」といった規定を加筆することも考えられる。

　他方，ライセンサーがライセンシーの再実施許諾を包括的に承諾する場合には，以下のような条項とすることも考えられる。以下の条項案は，ライセンサーに対する事前通知を条件としたものであるが，当該条件を付さないことも可能である。

〈包括的再実施許諾の承諾に関し，ライセンサーに対する事前通知を条件とする条項例〉

> 乙は，本実施権について，甲に対し事前に書面による通知を行うことにより，第三者に対して再実施許諾を行うことができる。

4　対　　価

> 第 3 条（対価）
> 乙は，甲に対して，本実施権の対価（以下「本対価」という。）として，本実施品の売
> 上（乙の第三者に対する本実施品の販売額から，当該販売に関して乙が負担した梱包費
> 用，運送費用及び消費税を控除した価格を意味する。）の総額の○％相当額（消費税別）
> を支払う。

　サンプル契約書では，ロイヤルティ（実施料，ライセンス料，実施許諾の対
価）について，本実施品の売上に一定のパーセンテージを掛けた金額を支払う
べき旨を規定している。ロイヤルティの定め方には様々な方法があるが，一般
的な算定方法としては，以下の 3 つのパターンが存在する。

(1)　ランニング・ロイヤルティ（出来高払実施料）

　サンプル契約書のように，売上や利益等の金額に，一定のパーセンテージを
掛けた金額を，ライセンシーの支払うべきロイヤルティとして規定する方式で
ある。なお，ランニング・ロイヤルティの金額の定め方としては，売上や利益
等の金額に一定のパーセンテージを掛けた金額を支払う方式（定率方式）の他，
製造や販売を行った製品 1 個当たりのロイヤルティの金額を支払う方式（定量
方式）も存在する。

　ランニング・ロイヤルティの場合，売上や利益等の金額に応じてロイヤル
ティの額が決定されるため，契約締結時に売上等を予測せずに合理的な金額を
設定できるというメリットがあり，ロイヤルティの算定方式として比較的よく
見られるものである。この方式による場合，ロイヤルティの算定のベースとな
る金額については，その範囲（例えば，売上から除外される費用の範囲等）に
ついて当事者間で疑義が生じることのないように明確に規定しておくことが望
ましい。

例えば，サンプル契約では，ロイヤルティの算定のベースとなる「売上」の意味について，「（乙の第三者に対する本実施品の販売額から，当該販売に関して乙が負担した梱包費用，運送費用及び消費税を控除した価格を意味する。）」と規定し，どこまでがベースとなる「売上」に含まれるのかを明確に規定している。

また，この方式では，ライセンシーが販売を行わなかった場合にはロイヤルティの支払義務が生じず，ライセンサーはロイヤルティを回収できないことになる。これは，第1条の(2)ア（46頁）で述べたとおり，ライセンサーが他にライセンスをすることのできない専用実施権の設定を行った場合や独占的通常実施権の許諾を行った場合に特に問題となる。

そこで，ライセンサーとしては，ミニマム・ロイヤルティとして，売上が生じていない場合でも一定額の支払義務を課すことが考えられる。

なお，この方式の条項案としては，サンプル契約書のものがこれに該当する。

(2) ランプサム・ペイメント（一括払実施料）

ライセンス契約を締結した最初の段階で一定の金額をまとめて支払い，その後に追加の支払を行わない方式である。

この方式による場合，ライセンサーは，まとまった金額を最初に得ることができ，開発費用の回収ができるというメリットがあるが，他方で，その後に特許の実施による利益が予想以上に増大した場合でも，ライセンシーに追加のロイヤルティの支払を要求することはできない。逆に，ライセンシーとしては，利益が増大した場合でもこれに応じたロイヤルティの支払義務を負うことはないというメリットがある反面，実際には特許を実施することによる利益が思ったよりも生まれないということもあり得る，ということになる。

この方式の条項案としては，以下のようなものが考えられる。

〈ランプサム・ペイメント（一括払実施料）による条項例〉

> 乙は，甲に対して，本実施権の対価（以下「本対価」という。）として，○円（消費税別）を支払う。

(3)　イニシャル・ペイメントとランニング・ロイヤルティの併用

　最初に一定金額を支払い，その後，ライセンシーの売上や利益等に応じて出来高払いを行うという方式である。この場合の最初の一定金額をイニシャル・ペイメント，その後の出来高払いをランニング・ロイヤルティと呼ぶことがある。

　イニシャル・ペイメントの支払により，上記(2)のように最初に開発費用等の回収ができるというメリットが得られるとともに，その後に売上が伸びた場合にはその分のロイヤルティの支払を受けられるという面で，(1)および(2)の両方のメリットを活かすことができる方式として利用されている。

　この方式の条項案としては，以下のようなものが考えられる。

〈イニシャル・ペイメントとランニング・ロイヤルティによる条項例〉

> 乙は，甲に対して，本実施権の対価（以下「本対価」という。）として，以下の各号に定める額（消費税別）を支払う。
> 　(1)　○年○月○日までに○円
> 　(2)　本実施品の売上（乙の第三者に対する本実施品の販売額から，当該販売に関して乙が負担した梱包費用，運送費用及び消費税を控除した価格を意味する。）の総額の○％相当額

COLUMN　特許のライセンスと独占禁止法①（ロイヤルティ）

　ロイヤルティをいかなる金額とするかは，原則として当事者の合意により決定されるものであるが，ロイヤルティの設定については独占禁止法上の規制が及ぶ可能性があることに留意すべきである。知的財産ガイドラインでは，ロイヤルティの設定について，以下のような記載がなされている。

①　技術の利用と無関係なライセンス料の設定（知的財産ガイドライン第4，5(2)）

　「ライセンサーがライセンス技術の利用と関係ない基準に基づいてライセンス料を設定する行為，例えば，ライセンス技術を用いない製品の製造数量又は販売数量に応じてライセンス料の支払義務を課すことは，ライセンシーが競争品又は競争技術を利用することを妨げる効果を有することがある。したがって，このような行為は，公正競争阻害性を有する場合には，不公正な取引方法に該当する（一般指定第11項，第12項）。なお，当該技術が製造工程の一部に使用される場合又は部品に係るものである場合に，計算等の便宜上，当該技術又は部品を使用した最終製品の製造・販売数量又は額，原材料，部品等の使用数量をライセンス料の算定基礎とすること等，算定方法に合理性が認められる場合は，原則として不公正な取引方法に該当しない。」

②　権利消滅後の制限（知的財産ガイドライン第4，5(3)）

　「ライセンサーがライセンシーに対して，技術に係る権利が消滅した後においても，当該技術を利用することを制限する行為，又はライセンス料の支払義務を課す行為は，一般に技術の自由な利用を阻害するものであり，公正競争阻害性を有する場合には，不公正な取引方法に該当する（一般指定第12項）。ただし，ライセンス料の支払義務については，ライセンス料の分割払い又は延べ払いと認められる範囲内であれば，ライセンシーの事業活動を不当に拘束するものではないと考えられる。」

　サンプル契約書では，ロイヤルティは，特許の実施品の売上に応じて算出されるようになっており，また，特許権の消滅後にロイヤルティの支払義務が生じるような建付けにはなっていないことから，上記①および②の問題は生じないと考えられるが，ロイヤルティの定めについて，ケースに応じて特殊な定めを置く場合には，上記①および②の基準に照らして問題がないかどうかを確認することが望ましい。

5　実施品の報告

第4条（実施品の報告）
乙は，毎年〇月末日を締め日として，1年間における本実施品の販売数量（商品毎），売上及び本対価の額を締め日から〇日以内に書面にて甲に報告する。

　ロイヤルティの金額の算定方法として，ランニング・ロイヤルティの方式を採用する場合，ライセンサーとしては，ロイヤルティの金額とその算定のベースとなるデータ（売上金額，販売数量，控除費用の額，計算根拠等）を確認できるよう，これらの金額・データについての報告義務を定めるべきである。

　もっとも，ベースとなるデータについてまで報告を求めるか否かは当事者の信頼関係による部分もあるため，報告義務としてはロイヤルティの金額のみを報告させることでもよい。万一，ライセンシーによる報告内容の正確性に疑義が生じたときは，後述する第10条の監査により対応する，ということになろう。

6　対価の支払方法

第5条（対価の支払方法）
1　甲は，前条の報告の受領した日から〇日以内に，本対価の請求書を乙に送付する。乙は，本対価の請求書を受領した日から〇日以内に甲の指定する銀行口座に振り込む方法により支払う。振込手数料は乙の負担とする。
2　甲は，受領した本対価は，理由のいかんを問わず返還しない。

　対象特許が無効審判等により無効になった場合や，特許請求の範囲が訂正により変更された場合，特許実施品として販売していた製品が実際には対象特許発明の技術的範囲に属しないことが判明した場合等には，ライセンシーがライ

センサーに対して支払ったロイヤルティを返還請求できるか否かについて疑義が生じることがあり得る。

　この点は，第1条の(3)（49頁）においても述べたとおり，登録前の特許のライセンスにおいても類似の問題が生じ得る。

　そのため，このような場合に返還請求ができるか否かについては，契約書上明確に規定しておくことが望ましい。サンプル契約書では，ライセンサーが受領したロイヤルティは，理由のいかんを問わず返還しない旨を定めている。そのため，上記のように特許が無効になったりその請求の範囲が変更されたりした場合であっても，ライセンシーは既払いのロイヤルティの返還請求をすることはできない，ということになる。

　このような条項は，一見するとライセンサーにとって一方的に有利な条項のようにも思えるが，特許権は，その性質上常に無効とされる可能性があるものであることから，一定の合理性がある条項であると考えられている。もっとも，特許が無効であることが確定した以後のロイヤルティの支払についてまで返還請求をすることができないとする合理的な理由はないと思われるため，ライセンシーとしては，サンプル契約のような条項を提案された場合，ただし書として無効が確定した後の支払については返還請求ができるような規定とすることも考えられる。

　なお，これらの点について，契約上何らの規定もしなかった場合には，ライセンシーが，ライセンサーに対して契約の錯誤無効に基づく不当利得返還請求や，契約不適合責任としての損害賠償請求を行うことができるかについて争いが生じ得るため，契約書上明示的に規定しておくことが望ましい。

7　非 保 証

第6条（非保証）

> 甲は，本特許権に係る無効理由の有無，本発明の実施に関する技術上，経済上，その他一切の事項，及び本実施品が第三者の保有する権利を侵害するか否かについて何らの責任も負わない。

　サンプル契約書では，ライセンシーは，発明の実施に関する技術上の事項や実施品が第三者の権利を侵害しないこと等について何らの責任も負わない旨の定めを置いている。

　この点についてどのような規定を定めるかは，当事者間の関係によるところが大きいが，ライセンシーとしては，ライセンサーに特許権の有効性，発明の技術的効果，第三者の権利の非侵害等について保証を求める場合もあり，その場合には，本条項案に代えて，以下のように，ライセンサーの保証義務を定める規定を置くことが考えられる。

〈ライセンサーの保証義務を定める条項例〉

> 甲は，乙に対し，次に掲げる事項を保証する。
> (1) 本特許権について無効理由が存しないこと
> (2) 本発明に甲乙が別途定める技術的効果があること
> (3) 本発明の実施が第三者の権利を侵害しないこと

　このうち，特許の有効性の保証に関し，特許権は一度権利が成立したとしても，事後的に無効審判を請求されることによって無効とされる可能性がある上，特許の有効性を事前に完璧に調査することは事実上不可能であるという特徴がある。

　そのため，ライセンサーとしては，無条件で特許の有効性を保証することに抵抗を感じるケースが多いであろう。この場合，ライセンサーとしては，「本契約締結時において甲が知る限り」といった限定を付すことも考えられる。

　次に，発明の技術的効果について，通常，特許発明には様々な実施形態が想定され，実施形態によって効果の程度等が異なるものであるから，ライセンサーとしては，発明の技術的効果を保証するとしても，当該効果が生じたか否

かが客観的に検証可能となるように，保証する技術的効果の内容，条件等をできるだけ具体的に定めておくことが望ましい。

　さらに，第三者の権利の非侵害について，まず，特許権は，第三者の特許発明を利用した発明についても適法に成立するものであるから，ある特許発明について正当な実施権原に基づいて実施をしていたとしても，第三者の特許権を侵害するという可能性はあることに留意が必要である。

　そして，ある特許発明が他の特許発明を利用するものであるか否かの調査は，高度に専門的な判断を要するものであることが多く，契約締結前に事前に利用関係を完璧に調査することは難しいことが多い。そのため，ライセンサーとしては，無条件で第三者の権利を侵害しないことを保証することに抵抗を感じるケースが多いため，特許の有効性の保証と同様に，「本契約締結時において甲が知る限り」といった限定を付すことも考えられるであろう。

　また，ライセンシーとしては，上記の保証条項とともに，または，特許の有効性や発明の技術的効果等についてライセンサーが責任を負わないという規定を受け入れざるを得ない場合でも，以下のように，ライセンサーに特許の維持管理義務を負わせる旨の規定を定めておくことが考えられる。

〈ライセンサーに特許の維持管理義務を負わせる旨の条項例〉

> 甲は，本特許権を維持するための特許料の納付その他必要な措置を講じなければならない。

8　不争義務等

第7条（不争義務等）
1　乙が，直接又は間接を問わず，本特許権の有効性を争った場合又は甲が希望する訂正審判若しくは訂正請求の承諾を拒否した場合，甲は何らの催告も要せず直ちに本契

> 　約を解除することができる。
> 　2　乙は，甲が本発明について訂正審判又は訂正請求をすることについて，異議なく承
> 　諾するものとする。

(1)　不争義務

　本条第1項は，ライセンシーが対象特許の有効性を争った場合にライセンサーが本契約を解除することができることを定めたものである。かかる義務は，一般に不争義務と呼ばれている。

　ライセンサーとしては，ライセンス契約締結後に，ライセンスの対象となる特許の有効性についての争いが起きることを避けたいと考えて，本条項を規定することが多い。

　不争義務に関しては，知的財産ガイドラインにおいて以下のような記載がある。

　「ライセンサーがライセンシーに対して，ライセンス技術に係る権利の有効性について争わない義務……を課す行為は，円滑な技術取引を通じ競争の促進に資する面が認められ，かつ，直接的には競争を減殺するおそれは小さい。しかしながら，無効にされるべき権利が存続し，当該権利に係る技術の利用が制限されることから，公正競争阻害性を有するものとして不公正な取引方法に該当する場合もある（一般指定第12項）。なお，ライセンシーが権利の有効性を争った場合に当該権利の対象となっている技術についてライセンス契約を解除する旨を定めることは，原則として不公正な取引方法に該当しない。」（知的財産ガイドラインの第4，4(7)）

　上記ガイドラインにおいて記載される不公正な取引方法に該当するような規定として具体的にどのようなものが想定されているのかは明らかではないが，サンプル契約書では，上記ガイドラインに従い，乙が本特許権の有効性を争った場合の効果として，ライセンサーが契約を解除できることのみを規定してい

る。

(2) 訂正の承諾義務

　特許権者は，特許発明について訂正審判を請求することにより（特許法126条），または無効審判の係属中に訂正請求を行うことにより（同法134条の２），明細書，特許請求の範囲または図面を訂正することができる。ただし，当該特許権についてライセンシーがいる場合，特許権者は，当該ライセンシーの承諾を得た場合でなければ，訂正審判または訂正請求を行うことができない（特許法127条，134条の２第９項）。

　また，特許権者は，例えば，第三者から特許の無効を主張された場合に，対抗措置として，特許発明の技術的範囲を減縮する訂正を行い，第三者が主張する無効理由の解消を図ることがある。しかし，ライセンシーが訂正について承諾をしなければ，特許権者としては上記のような対抗措置を講ずることができなくなり，ひいては，特許自体を無効にされてしまう可能性がある。

　そこで，特許権者としては，ライセンス契約において，ライセンシーから訂正に関する包括的な承諾を得ておくべきであろう。

9　改良発明

第８条（改良発明）
1　乙が本契約の有効期間中に本発明を改良し，又は本発明に基づき新たな発明若しくは考案をしたときは，直ちにその内容を甲に通知するものとする。
2　前項の発明又は考案に係る権利の帰属及び実施許諾その他の取扱いについては，甲乙間で別途協議の上定める。

　ライセンシーが，ライセンスを受けた発明に基づく新たな発明（以下「改良発明」という）を生じさせた場合には，改良発明に係る特許を受ける権利はラ

イセンシーに帰属するのが原則である。他方，ライセンサーとしては，改良技術は，自分がライセンスした発明に基づいて開発されたものであること，仮にライセンシーが当該改良技術に係る特許を取得した場合には，ライセンシーによる実施の範囲が制限されてしまう可能性があること等から，自らも何らかの形で利用できるようにしたいと考えることが多い。

　そのため，ライセンサーにおいて，ライセンシーによりなされた改良発明について，特許権者に対し，実施権の許諾，共有持分または特許権自体の譲渡をする旨の条項を規定しようとする場合がある。

　本条では，一例として，改良発明が生じた場合の権利の帰属および実施許諾その他の取扱いについては，別途協議の上定める旨規定しているが，これと異なり，あらかじめ，改良発明が生じた場合には合理的な条件で特許権者に非独占的な通常実施権の実施許諾をする旨の規定を置くことも可能である。

　もっとも，次頁のコラムのように，改良発明の扱いについて，独占的ライセンス（独占的通常実施権または専用実施権）の設定・許諾や共有持分または特許権自体の譲渡を行う義務を定めた場合には，独占禁止法上の問題が生じることがあることには留意が必要である。

COLUMN　特許のライセンスと独占禁止法②（改良発明の扱い）

　ライセンス契約における改良発明の扱いについて，知的財産ガイドラインには以下の記載がある。

　「ライセンサーがライセンシーに対し，ライセンシーが開発した改良技術について，ライセンサー又はライセンサーの指定する事業者にその権利を帰属させる義務，又はライセンサーに独占的ライセンス……をする義務を課す行為は，技術市場又は製品市場におけるライセンサーの地位を強化し，また，ライセンシーに改良技術を利用させないことによりライセンシーの研究開発意欲を損なうものであり，また，通常，このような制限を課す合理的理由があるとは認められないので，原則として不公正な取引方法に該当する。」（同ガイドライン第４，５⑻ア）。

　「ライセンシーが開発した改良技術に係る権利をライセンサーとの共有とする義務は，ライセンシーの研究開発意欲を損なう程度は上記アの制限と比べて小さいが，ライセンシーが自らの改良・応用研究の成果を自由に利用・処分することを妨げるものであるので，公正競争阻害性を有する場合には，不公正な取引方法に該当する。」（同ガイドライン第４，５⑻イ）

　「ライセンサーがライセンシーに対し，ライセンシーによる改良技術をライセンサーに非独占的にライセンスをする義務を課す行為は，ライセンシーが自ら開発した改良技術を自由に利用できる場合は，ライセンシーの事業活動を拘束する程度は小さく，ライセンシーの研究開発意欲を損なうおそれがあるとは認められないので，原則として不公正な取引方法に該当しない」（同ガイドライン第４，５⑼ア）

　以上のとおり，サンプル契約書のように合理的な条件で非独占的な実施許諾に応じると規定しておく程度であれば，原則として不公正な取引方法に該当しないとされている。

10　侵害の処置・排除

> 第 9 条（侵害の処置・排除）
> 1　乙は，第三者による本特許権の侵害の事実を知ったときは，直ちに甲に通知する。
> 2　乙は，甲が第三者による本特許権の侵害を排除しようとする場合には，甲に協力するものとする。

　ライセンスの対象となる特許発明を実施するライセンシーにおいては，競合企業等の第三者が当該特許を侵害する事実を認識する可能性がある。そこで，サンプル契約書では，ライセンシーがそのような事実を認識した場合には，ライセンサーに通知する義務を定めている。

　また，ライセンサーが第三者による特許権の侵害を排除しようとする場合には，当該第三者の侵害の態様についての調査・確認が必要になると思われ，当該調査・確認についてはライセンシーの協力を求めるのが適切な場合もある。そのため，サンプル契約書では，侵害の排除についてライセンサーの協力義務を定めている。

　他方，ライセンシーにおいても，第三者が特許権を侵害して事業を行っている場合，許諾を受けて販売する製品の売上が減少する可能性がある。通常実施権者は自ら差止請求を行うことができないことから，ライセンシーとしては，例えば，以下のような条項を定めて，第三者による侵害を排除する義務をライセンサーに負わせることが考えられる。

〈第三者による侵害を排除する義務をライセンサーに負わせる条項例〉

> 甲は，第三者による本特許権の侵害の事実を認識し，乙から当該侵害の排除についての要求を受けた場合，速やかに当該侵害を排除するために必要な措置を講じなければならない。

　他方，ライセンサーとしては，その対応に要する事務コストや金銭的コスト

等から，第三者の侵害排除を義務づけられることに抵抗を覚えるケースもある
であろう。ライセンサーとしては，上記の条項案の提案を受けた場合には，排
除措置を講じる義務を努力義務に修正したり，「合理的な」措置に修正したり
することを検討すべきであろう。なお，侵害を排除するために必要な措置につ
いては，侵害の態様等によっても異なるように思われ，その具体的な内容をあ
らかじめ契約書上で規定するのには限界がある。

　そのため，この条項に関連して，必要な措置の内容や当該措置における費用
負担等を契約書上どのように規定すべきかについて当事者間で意見が対立した
場合には，ひとまずは別途協議する旨の定めを置いておくこともある。また，
上記措置に関する費用負担についても，あらかじめ合意しておくことも考えら
れる。

11　監　査

第10条（監査）
1　乙は，第4条の報告の基礎となる帳簿書類を保管するものとし，甲の請求があった
　場合は，いつでも甲又は甲の指定した代理人に当該帳簿書類を監査させるものとする。
2　前項の規定は，本契約が終了した場合（終了事由のいかんを問わない）であっても，
　第4条の報告後も3年間存続する。

　第3条で説明したとおり，ランニング・ロイヤルティの方式を採用した場合
には，ライセンシーの報告に基づいてロイヤルティが算定されることになるた
め，ライセンサーとしては当該報告が正確な内容となっているか否かを確認す
るための手段を確保しておく必要がある。

　そのため，本条では，ライセンシーの報告の基礎となる帳簿書類の保管義務
を定め，また，ライセンサーが当該帳簿書類を監査できるものと定めている。
また，仮にライセンシーの報告の正確性に疑義が生じた場合には，ライセンス

契約の終了後であっても帳簿書類を確認する必要が生じる可能性があるため，本条第2項では，契約終了後であっても監査についての規定が存続することを定めている。なお，監査費用の負担や監査の実施条件についてあらかじめ定めておくことも考えられる。

　ライセンサーとしては，ライセンシーによる過少申告を防止するために，以下の条項案のように，違約金条項を定めておくことも考えられる。

〈監査により過少申告が発覚した場合の取扱いを定めた条項例〉

> 3　第1項に基づく監査の結果，乙が第4条に基づき報告した本対価の額に誤りがあることが判明した場合には，乙は，甲に対し，実際の本対価の額と当該乙の報告した本対価の額との差額の○倍に相当する金額を支払うものとする。

12　権利の移転等

第11条（権利の移転等）
甲及び乙は，合併等による包括承継，事業の譲渡その他事由のいかんを問わず，事前に書面による相手方の承諾を得た場合を除き，本実施権，本契約に基づく権利若しくは義務又は本契約上の地位を移転又は承継させることができないものとする。

(1)　実施権の移転の禁止

　通常実施権の譲渡については，特許法上，「実施の事業とともにする場合」，「特許権者……の承諾を得た場合」および「相続その他の一般承継の場合」に限り，移転することができるとされている（特許法94条1項）[42]。

　そのため，特許権者が通常実施権の移転について承諾をしていない場合で

---

[42]　「実施の事業とともにする場合」に移転できることとされているのは，事業が譲渡されても実施権がないために事業設備が利用できなくなってしまうという事態が生じることを避けるためであるとされる（前掲注36・中山＝小泉中巻1566頁）。

あっても，通常実施権が事業譲渡により競合企業に譲渡されたり，通常実施権
者が競合企業に吸収合併されたりして，特許権者の意に反して，競合企業に通
常実施権が移転してしまう可能性がある。

　また，ライセンシーの事業規模が小さいことがライセンスを許諾する1つの
考慮要素であった場合に，事業譲渡や吸収合併等により大企業がライセンスを
有することになることは，ライセンサーとしては不意打ちになるケースもあろ
う。そこで，このような事態を回避するため，事業譲渡や合併等の一般承継を
禁止したり，解除事由として定めておくことが考えられる。

　サンプル契約書では，本条で合併等による一般承継，事業譲渡の場合を含め，
実施権の移転または承継をもたらす行為をしようとする場合には，事前にライ
センサーの承諾を得なければならない旨を定めている。また，後掲第14条の規
定のとおり，合併や事業譲渡を行った場合には，契約の解除事由となるように
定めている。

　この点については，特許法94条1項は強行規定であるとして，これに反して
事業の譲渡とともに権利を移転する場合や一般承継の場合に移転しない旨を契
約上定めても，当該条項は無効であるとする見解が存在する一方で，同項は任
意規定であり，契約において，事業の譲渡と共にする場合や一般承継の場合に
移転しない旨をも定めることも許容され得るという見解が存在している[43]。

　しかし，競合会社への通常実施権の移転を嫌うライセンサーとしては，任意
規定であると解される可能性（本条が有効であると解される可能性）がある以
上，サンプル契約書の条項のような文言を規定しておくことも考慮に値すると
思われる。

(2)　特許権の譲渡の禁止

　サンプル契約では実施権の移転についての規定を置いているが，これとは別

43　前掲注36・中山＝小泉中巻1566頁，財団法人知的財産研究所「企業再編における特許権
　等の取扱いに関する調査研究報告書」（平成20年度特許庁産業財産権制度問題調査研究報
　告書）（平成21年3月）85頁。

に，ライセンサーによる特許権の譲渡の禁止を規定することも考えられる。

　特許法上，通常実施権は，その発生後に特許権を取得した者に対してもその効力を有するものとされているため（特許法99条），仮にライセンス契約締結後にライセンサーが特許権を第三者に譲渡しても，ライセンシーは当該第三者（譲受人）に対して通常実施権を当然に対抗できることになる（当然対抗制度）。

　この点，平成23年特許法改正前の旧特許法においては，通常実施権は特許庁に登録しなければ特許権の譲受人等に対して対抗できないものとされていたが，登録制度は実際の利用者が少なく，ライセンシーの保護が十分でなかったことから，平成23年特許法改正（平成23年6月8日法律第63号）により，当然対抗制度が導入されるに至ったものである。

　そのため，ライセンシーとしては，特許権の譲渡の禁止を定めなくとも，当然対抗制度により，通常実施権をライセンサーから特許権の譲渡を受けた第三者（譲受人）に対抗できることになる。

　もっとも，通常実施権を対抗できる場合に，元のライセンス契約に定められている各条項が承継されることになるのか，承継されるとしていかなる範囲の条項が承継されることになるのかについては様々な学説があり，実務上確立した見解は未だない状況にある。

　したがって，仮にライセンサーが特許権を第三者に譲渡した場合には，当該第三者とライセンシーとの間の契約関係がどのように解釈されるのかは明らかでなく，このような不安定な状態が生じることを回避するという観点からは，特許権の譲渡禁止条項や，特許権の譲渡につきライセンシーの事前承諾を要する旨の条項を置いておくということも考えられる。

　ただし，このような条項もあくまで契約当事者間の合意に基づくものにすぎないことから，仮に当該条項に違反して特許権が第三者に対し譲渡されても，その移転の効力自体を無効にするということはできず，ライセンサーがライセンシーに対して債務不履行責任を負うにとどまる。

13　秘密保持

第12条（秘密保持）
甲及び乙は，本契約の内容及び本発明の実施に関連して知得した相手方の営業上，技術上の情報（以下「本秘密情報」という。）を秘密に保持し，事前の書面による相手方の承諾なしに第三者に開示・漏えいしてはならない。

　ライセンス契約においては，ライセンスの事実や条件（ロイヤルティの金額を含む），ライセンス契約に伴う技術指導に関する情報を秘密にするため，秘密保持条項を設けることが多い。

　特に，特許権のライセンスを行う場合には併せてノウハウのライセンスを行うことも多く，その場合にはノウハウの秘密性を維持するためにも秘密保持条項を規定しておく必要があろう。なお，サンプル契約書では秘密保持義務を広く課す規定を置いているが，当事者間で開示することが想定される秘密情報の重要性や，義務負担の程度等を考慮して，秘密情報の範囲を限定的に特定したり，秘密保持義務の例外を設けることも考えられる。以下は，その一例である。

〈秘密情報の範囲を限定的に特定したり，秘密保持義務の例外を設ける条項例〉

　1　甲及び乙は，本契約の内容及び本発明の実施に関連して相手方から開示された一切の情報のうち，①開示時に当該情報が記載された書面又は電磁的記録において秘密である旨の表示が付された情報，②口頭又は視覚的方法により開示された情報のうち，開示後〇日以内に書面又は電磁的記録により秘密の範囲が明示された情報及び③個人情報（以下，総称して「本秘密情報」という。）については，相手方の事前の書面による承諾がない限り，第三者に開示若しくは漏えいし，又は本契約の履行若しくは本発明の実施以外の目的に使用してはならない（以下，開示した当事者を「開示当事者」といい，開示を受けた当事者を「受領当事者」という。）。ただし，次の各号のいずれかに該当する情報は，本秘密情報に含まれないものとする。
　⑴　開示当事者から開示された時点で既に公知となっていた情報又は開示された後に受領当事者の責によらずして公知となった情報

(2)　開示当事者が開示を行った時点で既に受領当事者が保有していた情報

(3)　受領当事者が第三者から機密保持義務を負うことなく適法に取得した情報

(4)　開示当事者から開示された後に，開示された情報によらずに独自に開発された情報

2　前項にかかわらず，受領当事者は，法令，金融商品取引所規則又は行政機関若しくは裁判所の命令等によって開示を義務付けられた本秘密情報については，これを開示することができる。この場合，受領当事者は，直ちに開示当事者に対してその旨を通知するものとする。

3　第1項にかかわらず，受領当事者は，自己の役員，従業員又は弁護士，公認会計士若しくは税理士その他の法令上の守秘義務を負う専門家に対して本秘密情報を開示することができる。この場合，受領当事者は，これらの者（法令上の守秘義務を負う者を除く。）をして，本条に定める義務と同等の義務を遵守させるものとし，これらの者が当該義務に違反したときは，当該義務違反は受領当事者の違反とみなして，その一切の責任を負うものとする。

4　受領当事者は，本秘密情報が記載された書面又は電磁的記録に関し，施錠可能な場所への保管又はアクセス制限その他秘密情報の機密性を保持するために合理的な措置を講じるものとする。

5　受領当事者は，本秘密情報の漏えいが生じた場合には，直ちに開示当事者にその旨を通知した上で，開示当事者の指示に従い，合理的な範囲内において，直ちに必要な調査，拡大防止措置及び再発防止措置を講じるものとする。

6　受領当事者は，本契約が終了した場合は，開示当事者の指示に従い，速やかに本秘密情報が記載された有体物を返還又は破棄するものとする。

さらに，資料の返還や破棄については，より詳細に規定することも考えられる。提供する資料の重要性に照らして，条項を使い分けることが肝要である。

〈資料の返還および破棄に関して詳細に記載する条項例〉

6　受領当事者は，本契約の終了後〇日以内に，本秘密情報が記載された有体物を，速やかに開示当事者に返還しなければならない。

7　受領当事者は，開示当事者の指示に従い，受領当事者において本秘密情報が記載されたデータ等を破棄し，その証明書を開示当事者に対し発行しなければならない。

14　有効期間

第13条（有効期間）
1　本契約の有効期間は，本契約締結日から○年間とする。
2　前項にかかわらず，第4条から第6条，第10条，第12条，本条，第15条から第17条は，本契約の終了後も有効に存続するものとする。

　ライセンス契約は，売買契約等の契約と異なり，一定期間継続して効力を有する契約であるから，契約の有効期間を明確に定めておく必要がある。また，第1条の(4)イ（51頁）のとおり，サンプル契約書では，実施許諾の期間はライセンス契約の有効期間と同一としていることから，本条は，実施権の時間的な範囲を定めるという意味においても重要な意味を有している。
　契約期間は，サンプル契約書のように契約締結日からの一定期間と定めることも可能であるが，特許権の存続期間満了までの期間と定めることも可能である。

15　解　　除

第14条（解除）
1　前条の規定にかかわらず，甲及び乙は，相手方に以下に定める事由が発生した場合，何らの催告も要せず直ちに本契約を解除できる。
　(1)　本契約に違反し，相手方にその旨を通知した後○日以内に当該違反が是正されないとき
　(2)　監督官庁により営業許可の取消し又は営業停止処分を受けたとき
　(3)　支払停止若しくは支払不能の状態に陥ったとき，又は，自ら振り出し若しくは引き受けた手形若しくは小切手が不渡り処分を受けたとき
　(4)　差押え，仮差押え，仮処分，競売，強制執行又は租税滞納処分を受けたとき

> (5)　破産手続開始，民事再生手続開始，会社再生手続開始，特別清算開始又はこれら
>   に類似する倒産手続開始の申立てがあったとき又は自ら申し立てたとき
> (6)　解散，会社分割，事業譲渡又は合併の決議をしたとき
> (7)　災害，労働紛争その他により，その資産又は信用状態に重大な変化が生じ，本契
>   約に基づく債務の履行が困難になるおそれがあると客観的に認められる相当の理由
>   があるとき
> (8)　その他前各号に準じる事由があるとき
> 2　甲及び乙は，前項各号に定める事由が生じた場合は，直ちに相手方に通知する。

　契約の解除は，民法に基づいて当事者双方が行うことができるが（例えば改正民法540条〜543条），ここでは，本契約の当事者双方の契約上の解除権の発生事由を定めている。

　サンプル契約書の第14条第1項第6号において，会社分割，事業譲渡または合併の決議をしたことを解除事由としているのは，前述のとおり，これらの事由によりライセンスが第三者に移転または承継されることを防止するためである。

　また，サンプル契約書では，本契約の当事者双方の契約上の解除権を定めているが，ライセンサーのみの解除権を定めることもある。以下はライセンサーの解除権を定める条項の一例である。

〈ライセンサーの解除権を定める条項例〉

> 1　前条の規定にかかわらず，甲は，乙に以下に定める事由が発生した場合，何らの催
>   告を要せず直ちに本契約を解除できる。
>   （略）
> 2　乙は，前項各号に定める事由が生じた場合は，直ちに相手方に通知する。
> 3　第1項により本契約の有効期間満了前に契約が終了した場合，乙は，それまでの本
>   実施品に対応する未払いの本対価を直ちに甲に支払うものとする。

　前記サンプル契約書の第5条とは異なるが，例えばロイヤルティの支払が毎年1回特定の月の末日に支払うこととされている場合，解除により契約が途中

で終了した場合にまで当該月の末日まで待つ理由はないため，上記条項例の第3項のように，解除により契約が途中で終了した場合には，ライセンシーは，それまでの本実施品の売上に対応する未払いのロイヤルティを速やかにライセンサーに支払うという規定を定めることも考えられる（いわゆる期限の利益の喪失）。

16　在庫品の取扱い

> 第15条（在庫品の取扱い）
> 本契約がその事由のいかんを問わず終了した場合，乙は，直ちに本実施品の製造を中止し，本契約終了時点で乙が有する本実施品及びその仕掛品を，乙の費用で廃棄しなければならない。

　サンプル契約書では，ライセンス契約が終了した場合，ライセンシーは直ちに本実施品の製造を中止し，本実施品およびその仕掛品を廃棄しなければならない旨定めている。ライセンス契約が終了すれば，通常実施権は消滅することになるから，上記の規定はその当然の帰結を規定した条項ということになる。

　他方，ライセンス契約終了時に実施権に基づいて製造した在庫品が残っている場合には，ライセンシーは，当該在庫品を販売できなくなり不良在庫を抱えることになる。そこで，ライセンシーとしては，ライセンス契約の終了後においても，ライセンス契約の存続中に実施権に基づいて製造した在庫品を販売できる旨の規定を置くよう求めることも考えられる。一定期間在庫品の販売を認めるための規定としては，例えば，以下のような条項が考えられる（サンプル契約の条項案にただし書を追加したものである）。

〈契約終了後も一定期間在庫品の販売を認める条項例〉

> 本契約がその事由のいかんを問わず終了した場合，乙は，直ちに本実施品の製造を中止

し，本契約終了時点で乙が有する本実施品の仕掛品を，乙の費用で廃棄しなければならない。但し，乙は，本契約終了時点で乙が有する本実施品の在庫に限り，本契約終了の日から○カ月間，販売することができる。

17　協　議　等

第16条（協議等）
本契約に取り決めていない事項について問題が発生した場合，又は本契約の各条項の解釈に疑義が生じた場合には，甲乙誠意を持って協議し，解決に努める。

　本条は，ライセンス契約に限らず日本において締結される契約においてよく見られる規定である。
　もっとも，契約上明示的に取り決めていない事項について疑義が生じた場合に当事者間で協議をすることは本条の有無にかかわらず一般的なことであり，本条は確認的な規定である。

18　合意管轄

第17条（合意管轄）
本契約に関して紛争が生じたときは，東京地方裁判所を第一審の専属的合意管轄裁判所とする。

(1)　管　　轄

　本契約に関する紛争についての合意管轄を定める条項である。

　特許権に関する訴えの管轄については，民事訴訟法上，一般的な民事裁判の管轄とは異なる特別な規定が設けられており，第一審については東京地方裁判所または大阪地方裁判所が専属管轄を有している（民事訴訟法6条）。すなわち，特許権に関する訴えについては，契約において他の裁判所を専属的合意管轄裁判所と規定していたとしても，東京地方裁判所または大阪地方裁判所において審理されることとなる。本契約に関する紛争が特許権に関する訴えとして上記の法定の専属管轄に服することになるか否かは，具体的な紛争の内容によるが，特許権のライセンス契約において合意管轄を定めるのであれば，知的財産専門部を裁判所内に置いている東京地方裁判所または大阪地方裁判所と定めておくほうが無難と思われる。

(2)　準　拠　法

　サンプル契約書では，日本企業間の契約を想定しているため，準拠法に係る条項は置いていないが，外国企業との契約を行う場合には，準拠法を定めておくべきであろう。ただし，契約の準拠法が日本法であればすべて日本法で解決されるというものではなく，日本国外で登録された特許の効力や成立要件・対抗要件等については，原則として当該登録国の法律が適用されることになると考えられる。

　なお，以上の各条項の解説は，基本的に日本特許法を前提とするものであるため，日本国外で登録された特許のライセンスを行う場合には，各登録国の法制度に応じて慎重な検討を行う必要があることに留意されたい。

第**6**章

商標使用許諾契約書の解説

　ここでは，特許実施許諾契約書と同様，商標権のライセンス契約において典型的に規定されている条項について，サンプル契約の条項案を前提として説明する。

　商標権のライセンス契約の締結に至る背景はケースバイケースであるが，例えば，アパレルブランドや食品（お菓子等）の分野で商標権者が第三者に商標のライセンスを許諾する場合が考えられる。以下では，このような場合において，ライセンシーが商標を使用した商品を製造・販売しようと考え，ライセンサーはロイヤルティ収入を得るために商標権の利用許諾契約を締結する場面を想定し，これを前提としたサンプル契約書（「商標使用許諾契約書」）を見ながら，商標使用許諾契約に共通する留意点等について説明することとする。

1 前 文

（前文）
〇〇株式会社（以下「甲」という。）と〇〇株式会社（以下「乙」という。）は，乙による甲が保有する商標権の利用について，次のとおり商標使用許諾契約（以下「本契約」という。）を締結する。

前文においては，契約当事者が明示され，当該契約当事者が第1条以下に規定されている契約条件について合意することが規定されている。前文の意義や機能については，特許実施許諾契約と同様であるため，そちらを参照されたい。

2　使用許諾

第1条（使用許諾）
甲は，乙に対し，甲の保有に係る下記の商標（以下「本件商標」という。）の商標権（以下「本件商標権」という。）について，非独占的通常使用権（以下「本件使用権」という。）を許諾する。

記

商標登録第○○号
商標「○○」
指定商品・指定役務　○○（第○類）

本条においては，使用許諾の対象となる商標権が特定され，当該商標権について，甲が乙に対して非独占的な通常使用権の使用許諾をすることが規定されている。許諾される使用権の範囲は次条において規定されている。

(1)　商標権の特定

使用許諾の対象となる商標権の特定の方法としては，商標権の登録番号と商標の内容を記載すれば足りると考えられるが，指定商品・指定役務の内容も明記しておくことが望ましい。また，複数の商標権を使用許諾の対象とする場合は，そのすべてを明記する必要がある。同一内容の商標であっても，指定商品・指定役務が異なる商標として別に登録されているものは別の商標権となるため，留意が必要である。

商標の内容は，文字の場合や図形の場合，またはその組合せ等が考えられる

が，許諾対象が図形の商標で，契約書に当該図形の商標を貼り付けて特定をし
たほうが当事者間の認識に齟齬がない場合や複数の登録商標が許諾の対象とな
る場合などは，契約書の見やすさの観点から，使用許諾の対象となる商標権は，
別紙に記載する形式としたほうがよい。

〈使用許諾の対象となる登録商標を別紙で記載する場合の条項例〉

第1条（使用許諾）
甲は，乙に対し，甲の保有に係る別紙記載の商標（以下「本件商標」という。）の商標
権（以下「本件商標権」という。）について，非独占的通常使用権（以下「本件使用権」
という。）を許諾する。

　※別紙として，以下の内容を記載する

［別紙］
1．商標登録第○○号
　　商標　○○○
　　指定商品・指定役務　○○（第○類）

2．商標登録第○○号
　　商標　○○○
　　指定商品・指定役務　○○（第○類）

---

(2)　使用権の種類

　サンプル契約書は，非独占的通常使用権を許諾することを想定したものであ
るが，使用権の種類には，大別して，「通常使用権」と「専用使用権」があり，
さらに通常使用権は「独占的通常使用権」と「非独占的通常使用権」に区別さ
れる。これらの区別は，特許権における通常実施権と専用実施権の区別と同様
であるため，特許実施許諾契約書の解説の「専用実施権と通常実施権」（46頁）
を参照されたい。

3　使用権の範囲

第2条（使用権の範囲）
1　前条により許諾される本件使用権の範囲は，次のとおりとする。
　(1)　地域　　　日本国内
　(2)　期間　　　本契約の有効期間
　(3)　商品及び役務　　　○○，○○
　(4)　使用態様　　　本件商標権に係る商標を付した商品（以下「本件商品」という。）
　　　　　　　　　の製造及び販売
2　乙は，甲の事前の書面による承諾なく，本件使用権の全部又は一部を第三者に譲渡，
　再許諾することができず，かつ担保に供することができないものとする。

　本条第1項は，第1条により許諾される使用権の範囲を規定し，第2項において再許諾権等の有無が規定されている。

(1)　使用許諾の範囲（第1項）

　第1項は，ライセンシーが商標を使用することができる範囲を定めたものであり，第1条と併せて商標権の使用許諾契約において極めて重要な規定である。使用許諾の範囲は，地域，期間，商品および役務，態様等により特定されることが多い。以下，地域，期間，商品および役務，態様の規定について説明する。

ア　地　　域

　商標権は国ごとに発生するため，日本の特許庁に登録されている商標権に係る使用許諾の地域は基本的には日本国内であるが，使用許諾の地域を日本全国としたり，日本国内の一部の地域に限定したりすることができる。他方，ライセンサーが外国でも商標権を取得している場合には，日本国外も使用地域に含めることが可能である。外国で商標権を取得する比較的簡易な方法として，マドリッド協定議定書に基づく国際登録出願（日本の特許庁への出願をもとに日

本の特許庁を経由して各国において商標権を取得することができる制度であり，この手続を利用した出願はいわゆる「マドプロ出願」等と呼ばれている）がある。本条において使用地域に日本国外を含める場合，「本件商標権」を特定する第1条において，外国で取得している商標権も記載しておく必要がある。

　また，インターネットでの広告宣伝媒体において商標を使用する場合には，外国から閲覧することができるウェブサイトにおける使用を含むかどうかについても明記しておくべきである。その場合，例えば，以下のように規定しておくことが考えられる。

〈外国から閲覧できるウェブサイトにおける使用について規定する場合の条項例〉

> (1)　地域　　日本国内（但し，日本国外から閲覧することのできるウェブサイトにおける使用は含まない。）

イ　期　　間

　商標の使用許諾期間は，本契約の有効期間と一致することが多いが，例えば，使用許諾期間が契約締結後の一定期間経過後に開始する等の場合は，商標の使用許諾期間が本契約の有効期間と一致しないこともありうるであろう。商標の使用許諾期間と本契約の有効期間が一致しない場合，以下のように規定することが考えられる。

〈商標の使用許諾期間と本契約の有効期間が一致しない場合の条項例〉

> (2)　期間　　○年○月○日から本契約の終了日まで

ウ　商品および役務

　商標権は特定の商品および役務（指定商品および指定役務ならびにこれらと類似の商品・役務）における使用にのみ効力を有するため，使用許諾の対象となる商品および役務を特定することが必要となる。商標権の対象となっていない商品および役務をライセンスの対象とすることはできないため，注意が必要

である。

エ　使用態様

　　商標の使用態様としては，商品それ自体に商標を付すこと，商品のパッケージに商標を付すこと，商品の宣伝広告媒体に商標を付すこと等，様々な使用態様が考えられるため，いかなる態様での使用を許諾するのかを特定する必要がある。サンプル契約書の条項例は，本件商標権に係る商標を付した商品の製造および販売のために商標を使用することを広く許諾する場合を想定している。

　　また，ライセンサーとしては，ブランド管理の観点から，具体的な使用態様に関与する規定を設けておきたいところである。そのような関与の方法としては，例えば，ライセンシーに対して，使用態様を事前にライセンサーに報告することを義務付けることや，そのような報告を行うことに加えてライセンサーの承諾を得ることを義務付けることが考えられる。このような規定を設ける場合の条項例を以下に提示する。

〈ライセンシーに報告義務を課す場合の条項例〉

> 乙は，本件商標を使用するにあたって，事前に本件商標の具体的な使用態様を書面で甲に報告するものとする。

〈ライセンシーに報告義務を課し，かつライセンサーの承諾を必要とする場合の条項例〉

> 乙は，本件商標を使用するにあたって，事前に本件商標の具体的な使用態様を書面で甲に報告し，甲の書面による承諾を得るものとする。

(2)　再許諾等の禁止（第2項）

　　第2項は，ライセンシーが商標の使用権を第三者に譲渡，再許諾し，または担保に供してはならない旨を規定している。

　商標使用許諾契約においては，再許諾等をしてはならない旨を規定することが一般的である。再許諾の可否については，特に規定がない限り，ライセンシーは第三者に再許諾することはできないため，ライセンシーが第三者に再許諾することを希望する場合は，ライセンシーが第三者に再許諾することができる旨を明記する必要がある。サンプル契約書では，①ライセンシーが再許諾権を有さない場合の条項例であるが，②ライセンシーが自由に再許諾することができるとする場合や，③ライセンシーが再許諾することができるとしつつ，実際に第三者に再許諾する場合にはライセンサーの承諾が必要であるとする場合が考えられる。上記③はライセンサーの承諾を得られない限り再許諾できないという意味では上記①と法的には同様であるが，上記③は，将来的に再許諾をする可能性があることを契約締結時点からライセンサーに認識させておく意味がある。

　ライセンシーによる再許諾を認める場合，ライセンサーとしては，ライセンシーによる再許諾先（サブライセンシー）に関する情報を把握するための規定を設けるかどうかを検討する必要がある。ライセンシーがライセンサーとのライセンス契約で認められていない態様での使用をサブライセンシーに許諾した場合など，サブライセンシーがライセンサーの権利を侵害する態様でライセンサーの商標を使用した場合には，ライセンサーがサブライセンシーに対して直接責任追及（差止請求や損害賠償請求）をする必要性が生じることも想定されるため，ライセンサーとしては，サブライセンシーに関する情報を把握することができるようにしておくことが望ましい。上記③の場合は，ライセンシーから再許諾をしたい旨の通知があった場合にそれを承諾するかどうかを判断する前提としてライセンシーに対してサブライセンシーに関する情報を提供するよう求めることが可能であるが，上記②の場合は，ライセンサーのあずかり知らないところで第三者に再許諾がなされることを防止するために，再許諾を行う際にはその都度サブライセンシーの情報をライセンサーに通知する義務を課す規定を置くことが考えられる。

　上記②と③の場合を採用する場合，以下のような規定を設けることが考えら

れる。

〈②の場合の条項例〉

> 2　乙は，甲の事前の書面による承諾なく，本件使用権の全部又は一部を第三者に再許諾することができる。この場合，乙は，事前に再許諾先の商号，所在地，代表者の氏名，事業内容その他甲が求める事項を書面で甲に通知するものとする。

〈③の場合の条項例〉

> 2　乙は，本件使用権の全部又は一部を第三者に再許諾することができる。但し，乙は，事前に再許諾先の商号，所在地，代表者の氏名，事業内容その他甲が求める事項を書面で甲に通知し，甲の書面による承諾を得るものとする。

　この点に関連して，ライセンシーが自ら製造せず，第三者に製造させることが再許諾に該当するかどうかという特許実施許諾契約の場合と類似の問題があるが，この点は特許実施許諾契約書の解説の「再実施許諾」（55頁）を参照されたい。

4　使用権の設定登録

> 第3条（使用権の設定登録）
> 1　乙は，自己の費用をもって，本件使用権の設定登録を単独で行うことができ，甲はこれに協力する。
> 2　甲は，乙の請求により，前項の設定登録に必要な書類を乙に交付する。

　ライセンシーが通常使用権を第三者に対抗するためには，通常使用権の登録が必要である（商標法31条4項）。すなわち，例えば，ライセンサーが商標権を第三者に譲渡した場合，ライセンシーは通常使用権の登録を行っていなけれ

ば，商標権の譲受人である第三者に自己が通常使用権を有していることを主張することができない（その結果，商標権の譲受人から商標権に基づく差止請求を受けた場合は商標の使用を中止しなければならない）ことになる。

　本条は，ライセンシーが自己の通常使用権を保全するために，通常使用権の設定登録を単独で行うことができる旨を定めた規定である。専用使用権と通常使用権における登録の要否および効果等については，特許における専用実施権と通常実施権の場合と同様であるため，特許実施許諾契約書の解説の「専用実施権と通常実施権」（46頁）を参照されたい。

　なお，本条では，ライセンシーの費用負担で設定登録を行う旨の規定としているが，交渉次第で，ライセンサーの費用負担としたり，あるいは，ライセンサーとライセンシーで費用を折半したりすることも可能である。これらの場合の条項例を以下に提示する。

〈ライセンサーの費用負担とする場合の条項例〉

> 1　乙は，本件使用権の登録を単独で行うことができ，甲はこれに協力する。当該登録に要する費用は甲の負担とする。

〈費用を折半とする場合の条項例〉

> 1　乙は，本件使用権の登録を単独で行うことができ，甲はこれに協力する。当該登録に要する費用は甲及び乙の折半とする。

5　対　　価

第4条（対価）
1　乙は，本契約によって甲から許諾された本件使用権の対価として，本契約締結後〇日以内に，金〇〇円（消費税別）を甲に支払う。

> 2　前項に定めるほか，乙は本契約によって甲から許諾された本件使用権の対価として，毎年3月，6月，9月及び12月の各月の末日締めで，3か月ごとに本件商標権を使用した本件商品の総売上額に○％を乗じた金額（消費税別）を翌月○日までに，甲に支払う。
>
> 3　前2項の規定により支払われた対価は，理由のいかんを問わず乙に返還されない。

　本条は，本件使用権の対価（ライセンス料，ロイヤルティ）を定めたものである。特許実施許諾契約において説明したとおり，対価の定め方としては，①ランニング・ロイヤルティ（出来高払使用料），②ランプサム・ペイメント（一括払使用料），③イニシャル・ペイメントとランニング・ロイヤルティの併用が考えられる。サンプル契約書では，③イニシャル・ペイメント（第1項）とランニング・ロイヤルティ（第2項）の併用を採用している。対価の定め方は特許実施許諾契約の場合と同様であるため，特許実施許諾契約書の解説（56頁）を参照されたい。

　ランニング・ロイヤルティ方式の場合は，ランニング・ロイヤルティの算定期間（算定の締め日）と料率を定める必要がある。サンプル契約書では，ランニング・ロイヤルティの算定期間は3カ月間とし，毎年3月，6月，9月および12月を締め日とする内容としている。

　また，ライセンサーとしては，ライセンシーの売上額にかかわらず一定のロイヤルティを得られることを確保するために，ランニング・ロイヤルティの金額が一定額を下回った場合であっても一定額（ミニマム・ギャランティ）を支払う旨を規定することが考えられる。この場合，以下のような規定を置くことが考えられる。

〈ミニマム・ギャランティを設定する場合の条項例〉

> 2　前項に定めるほか，乙は本契約によって甲から許諾された本件使用権の対価として，毎年3月，6月，9月及び12月の各月の末日締めで，3か月ごとに本件商標権を使用した本件商品の総売上額に○％を乗じた金額（消費税別）を翌月○日までに，甲に支払う。但し，当該3か月の期間における対価の金額が○円を下回った場合には，本項

> に基づいて乙が支払う当該期間における対価は○円（消費税別）とする。

　さらに，ランニング・ロイヤルティ方式の場合において，ミニマム・ギャランティを設定しない場合は，両当事者の事務的な手間を省略するために，ランニング・ロイヤルティが一定額に達しない金額である場合にはランニング・ロイヤルティの支払を翌期に繰り越し，翌期の支払と合わせて行うことを定める場合もある。

〈ミニマム・ギャランティを設定せず，ランニング・ロイヤルティが一定額に達しない場合には支払を繰り越す条項例〉

> 2　前項に定めるほか，乙は本契約によって甲から許諾された本件使用権の対価として，毎年3月，6月，9月及び12月の各月の末日締めで，3か月ごとに本件商標権を使用した本件商品の総売上額に○％を乗じた金額（消費税別）を翌月○日までに，甲に支払う。但し，当該3か月の期間における対価の金額が○円を下回った場合には，当該期間における対価の支払は翌期に繰り越されるものとする。

6　使用報告

> 第5条（使用報告）
> 乙は，毎月○日締めで，各月における本件商品の販売数量，総売上額及び第4条第2項に定める対価の金額を計算し，甲に対し，翌月○日までにこれらを書面で報告し，かつ本件商標権の使用事実を証明する資料を提出するものとする。

　本条は，ライセンサーがライセンシーによる商標の使用状況を把握するために，ライセンシーに対してライセンサーへの報告を義務付ける規定であり，ランニング・ロイヤルティ方式によりロイヤルティを定める場合に特に重要となる規定である。

　ライセンシーがライセンサーに報告すべき事項はランニング・ロイヤルティ

の算定に必要な内容を含む必要があり，サンプル契約書では，ランニング・ロイヤルティの金額を算定するために必要不可欠な情報として，商品の販売数量，総売上額に加えて，これらをもとに算定したランニング・ロイヤルティの金額を報告する旨を規定している。他方，ロイヤルティを固定額とする場合には，ライセンサーがライセンシーから商品の販売数量や総売上額等の報告を受ける必要性は低く，本条を規定しなくても問題はないであろう。

　なお，特にライセンサーが自ら商標を使用せず，ライセンシーを通じてのみ商標を使用している場合には，ライセンサーとしては，不使用取消審判との関係でライセンシーによる商標の使用の事実の有無を把握しておく必要性が生じる。不使用取消審判とは，商標権者，専用使用権者または通常使用権者のいずれもが，継続して3年以上日本国内において登録商標を使用していない場合，誰でも商標登録の取消審判を請求することができる制度である（商標法50条）。不使用取消審判の請求がなされた場合，商標権者は，過去3年間における登録商標の使用の事実を立証する必要があることから，ライセンサーとしては，ライセンシーに対し，ライセンシーが商標の使用を中止した場合にその時期や理由等を報告する義務を課しておくことが望ましい。この場合，以下の条項を規定することが考えられる。

〈商標の使用中止の報告義務を課す場合の条項例〉

> 2　乙は，前項の期間内に本件商標を使用した事実がないときは，その旨及びその使用を中止した理由を記載した書面を，本件商標の最終使用事実を証明する資料とともに，甲に提出するものとする。

7　商標登録表示

第6条（商標登録表示）

> 1　乙は，本件商標権の使用に関し，本件商品及びその広告宣伝物等において，本件商標権が登録商標であり，甲から使用許諾を得ている旨を表示するものとする。
> 2　乙は，本件商標権の使用に関し，本件商品において，製造業者名を明記しなければならない。

　本条第1項は，ライセンシーが本件商標を使用する際に，本件商標がライセンサーの登録商標であり，ライセンシーがライセンサーから使用許諾を得ている旨を表示する義務を定めたものである。

　商標法上，ライセンサーには，商品や商品の包装等に登録商標を付すときは，その商標にその商標が登録商標である旨の表示を付するように努める義務があり（商標法73条），具体的には，「登録商標」の文字および登録番号または国際登録の番号を記載することが求められている（商標法施行規則17条）。商標法73条の表示義務は努力義務にすぎないため，かかる表示をしなくても問題はないが，商標使用許諾契約においては，ライセンシーに登録商標の表示義務を課すことが一般的である。具体的な表示方法としては，例えば，商標の横に登録商標であることを示すⓇのマークを付したり，「○○［商標名］は○○［商標権者名］の登録商標です。」と記載したりすることが考えられるが，契約締結時点で具体的な表示方法が既に決まっている場合は，本条において具体的な表示方法を特定して定めておくことも考えられる。

　また，本条第2項は，ライセンサーが製造物責任法による責任を負うことを避けるための規定である。すなわち，商品に製造業者名の表示がない場合，ライセンサーが製造物責任法上の「製造業者等」として損害賠償義務を負う可能性があり，これを避けるべく，ライセンシーに対して製造業者名の義務付けを行うことが望ましい。製造物責任法については，第13条の解説も参照されたい。

8　商標権の更新登録

> 第7条（商標権の更新登録）
> 甲は，本件商標権の使用許諾期間中，甲の費用において，本件商標権の存続期間の更新登録申請を行う。

　本条は，ライセンサーが，本件商標権の使用許諾期間中において，本件商標権の存続期間の更新登録申請を行う旨を規定している。

　商標権の存続期間は設定の登録から10年間であり（商標法19条１項），商標権者の更新登録の申請により更新することができる（同条２項，３項）。商標権の使用許諾期間が商標権の存続期間を超える場合，ライセンサーが商標権の更新登録申請を行わない限り商標権が消滅してしまうことから，ライセンシーとしては，ライセンサーが商標権の更新登録申請を行うことを定めておくべきである。

　なお，商標権の更新登録申請は，基本的には，ライセンサーの費用によりなされるべきものであるが，本件商標権が専らライセンシーのみにより使用されているような場合には，ライセンシーの費用負担とすると定めることもありえないわけではない。

9　競業の禁止

> 第8条（競業の禁止）
> 甲は，甲又は第三者を通じて本件商標を使用したブランドライセンスビジネスを行う場合は，乙の行うブランドライセンスビジネスとの競合を避けるため，事前に乙と協議しなければならない。

　本条は，非独占的通常使用権を有するにすぎないライセンシー側が，自らが当該商標を用いて構築した商圏の保護を目的とする規定である。

　本条は，あくまで協議を義務付けているにすぎない。ライセンシーの承諾を要件とするのであれば，それは専用使用権または独占的通常使用権として規定されるべきである。そのため，ライセンサーは，協議さえ実施すれば，合意に至らなくてもライセンシーのビジネスと競合するブランドビジネスの実施または許諾が可能である。

　もっとも，非独占的通常使用権を設定する以上，ライセンサーは，複数のライセンシーに対してライセンスを設定することを想定しているのであり，本条の規定はビジネスの障害になるから，ライセンサーとしては当然，本条の規定を避けることとなる。

　そこで，ライセンシーとしては，協議の対象となる範囲を，ライセンシーが取り扱う商圏の範囲に限定することを落としどころとして，交渉することになろう。

COLUMN 「®マーク」，「TMマーク」，「©マーク」の意味

　商品やサービス名，またはキャラクターの近くに，「R」や「TM」，「C」などが
○で囲まれたマークが書かれていることがある。「TM」とは，Trade Markの略称
であり，商標であることを示し，「®」マークは，Resistered Trademarkの略称で
あり，登録商標であることを示すものといわれている。いずれも商標に関するマー
クではあるが，これらのマークは日本の商標権に基づくものではない。また，©マー
クはCopyrightの略称であり，このマークも著作権に関するものではあるが，日本の
著作権法に基づくものではない。そのため，これらのマークを自己の商品や作品に
記載しなければ自己の権利として認められないといった効果や逆に記載したからと
いって当然に法的保護が与えられる，などの効果はない。
　それでは，なぜ日本において，これらのマークを付す商品や作品等が見られるの
であろうか。まず，「TM」マークや®マークを付ける目的は，「普通名称化の防止」
にあるといわれる。「普通名称化」とは，ある名称がその商品または役務についての
一般的な名称であると意識されるに至っていることをいう。普通名称化した具体例
としては和菓子を指す「ういろう」[44]やドラムの一種類を表示する「floor tom」[45]な
どがある。商標法上，普通名称化した名称は，商標登録を受けることができず（商
標法3条1項1号），また商標登録後に，登録商標が普通名称化した場合には商標登
録が取り消される可能性がある（商標法26条1項1号）。そのため，商標権者にとっ
ては，自分の商標が普通名称化しないように対策が必要であり，そこで使用される
のが「TM」マークや®マークといわれる。これらのマークを付すことにより，それ
が自己の商標であり，一般名称ではないことを示す事実上の効果を狙っている。
　では，©マークは，どういう機能があるだろうか。©マークは，「万国著作権条約」
において，方式主義を採用する国で著作物として保護されるための1つの要件とし
て求められるものである。
　もっとも，日本を含む多くの国はベルヌ条約に加盟しており，著作権については
登録や審査などの手続を要せず権利が発生する「無方式主義」を採用している。
　そのため，日本においては，著作物は©マークの有無にかかわらず著作権として保
護されるのであって，©マークを付す狙いは，第三者に対して，自己の著作物である
ことを示し，盗用等を防止するという事実上の効果が挙げられる。
　以上のように，「®マーク」，「TMマーク」，「©マーク」は，日本において直接の法

44　東京高判平成13年3月21日判時1767号117頁。
45　東京高判平成3年6月20日判時1396号132頁。

的効果はないものの，それぞれの権利保護のために一定の役割を果たしているといわれている。なお，登録商標以外の商標に登録商標であることを示す®マークを付すことは，虚偽表示として罰せられる可能性があることに留意が必要である（商標法74条，80条）。

10　不適正使用の禁止

第9条（不適正使用の禁止）
1　乙は，本件商標の使用及び利用に際し，本件商標のイメージ及び機能保持に努め，
　　次の各号の他，その価値を毀損させるようなことを一切行わないものとする。
　(1)　本件商標を他の表示と区別なく又は結合して使用すること。
　(2)　本件商標に他の装飾的な図形や文字を付加すること。
　(3)　本件商標の形態の全部又は一部の変更又は削除。

　ライセンシーが，商標を無断で改変したり，他の表示と識別できないような
態様で使用したりすると，商標の識別力に悪影響を与えるおそれがある。その
ため，本条は，主にライセンサーが，商標が持つ出所表示機能，品質保持機能
および広告機能を保護するために，ライセンシーの使用態様を限定する規定で
ある。

　また，ライセンシーによる商標の使用態様が許諾の範囲内であるかどうかに
ついては，紛争の原因となりやすい点である。そのため，ライセンサーにおい
ては，想定される不適正使用について，個々の事案に応じてガイドラインを別
途作成するなど，できるかぎり明確に規定しておくことが望ましい。

〈不適正使用態様の明確化のためにガイドラインを設ける場合の条項例〉

　2　第6条及び前項に定めるほか，乙は，本件商標の使用及び利用に際し，甲が別途作
　　成又は指定するガイドラインに定める使用態様を遵守しなければならない。

11　表明保証

第10条（表明保証）
1　甲は，乙に対し，本契約締結日において，次の各号の事項について表明し，保証する。
　(1)　本契約の締結及び履行のために，甲が本件商標について必要な権限を適法かつ有効に有しており，乙による本契約に基づく本件商標の使用に関し，何ら支障を来す制約が存在しないこと。
　(2)　本件商標が第三者の知的財産権を侵害しないこと。
2　甲は，前項に定める表明及び保証の違反に起因又は関連して乙に損害，損失及び費用（逸失利益及び弁護士費用を含む。以下「損害等」という。）が生じた場合，かかる損害等について，乙に賠償する。
3　乙は，甲が第1項に定める表明及び保証に違反した場合，本契約を解除することができる。但し，乙の甲に対する損害賠償請求権の行使は妨げられない。

　表明保証は，英米法において発展し日本に持ち込まれた概念であり，ある時点において，契約の一方当事者が相手方に対して，当該契約の対象に関する事実または法律関係について真実かつ正確であることを表明し，それを保証することとされている。表明保証の法的性質およびその効果については様々な議論があり，表明保証に違反した場合の効果について疑義が生じる可能性がある。そのため，違反した場合の効果を明確にしておくことが望ましい。

　そして，表明保証が特に議論されるM&Aの分野において，表明保証が相手方に生じた損害を無過失で補償するという損害担保契約と解釈されていることが実務上一般的とみられることから，この解釈を念頭に，サンプル条項例は，ライセンサーの帰責事由を問わない規定としている。

　契約締結にあたってサンプル条項例で列挙する事項は当然の前提となるものではあるが，意図せずに第三者の知的財産権の侵害と認定されてしまう可能性は否定できないため，このリスクをライセンサーとライセンシーのいずれが分担するか，ということを明らかにする意義がある。そして，ライセンシーとし

ては，本条に規定するような事項については，契約の前提ともいえるものであるから，ライセンサーにリスク負担を求めることが望ましい。

　他方，ライセンサーとしては，表明保証を行わないことが望ましいが，サンプル条項例に規定した事項は，ライセンス契約の当然の前提ともいうべき事項である。そのため，ライセンシーから提案を受け拒絶しにくいという場合には，第1項に「甲の知り得る限り」との限定を付したり，損害賠償の上限額を限定しておくといった対応が考えられる。

　なお，表明保証は，上述したように，ある特定時点における事実または法律関係について定めるものとされることが一般的であり，サンプル条項例も「本契約締結日において」との限定を付している。契約締結日以降に対象となる商標について問題が生じた場合については次条に定める。

12　権利の保護

第11条（権利の保護）
本件商標について第三者との間で問い合わせ，苦情，警告等（以下，総称して「紛争等」という。）が生じた場合は，乙の責に帰すべき事由による場合を除き，甲の責任と費用負担により紛争等を解決し，乙を免責するとともに，乙が被った損害（逸失利益及び弁護士費用を含むが，これらに限られない。）を賠償する。但し，乙からの要望にもかかわらず，甲が，紛争等への対応を行わない場合には，乙は自らの判断で，甲の費用により，紛争等への対応，侵害の防止及び排除を行うことができる。

　本条は，本件商標について事後的に第三者との間で紛争が生じた場合の処理を規定している。

　サンプル契約書の第11条および第12条は，ライセンシーが，本件商標に関するリスクについてライセンサーにその負担を求める規定である。ライセンサーとしては，本件商標について未知のリスクを負担することが望ましくないことは言うまでもない。

　そこで，ライセンサーから契約書のファーストドラフトを提示する場合は，第三者の権利侵害の可能性，および紛争対応について，サンプル契約書の第10条および第11条に代えて，以下のような規定を提示することも考えられる。

〈ライセンサーの責任を免責する場合の条項例①〉

（使用上の責任）
甲は，本件商標の使用に関する一切の事項について，乙又は第三者に対し何らの責任を負わない。但し，本件商標権の使用に関し，第三者からその所有する権利の侵害を理由とする訴訟の提起又はこれに準ずる行為がなされ紛争が生じたときは，甲は，乙の請求により，乙に対し当該紛争の解決に役立つ資料の提供その他の協力を行うものとする。

　他方で，このような提案を受けたライセンシーとしては，上記第10条，第11条のような規定の提案を行うほか，ライセンサーの責任免除の範囲からライセンサーに故意または重過失があった場合を除くよう求めることが考えられる。

〈ライセンサーの免責範囲を限定する場合の条項例②〉

（使用上の責任）
甲は，本件商標の使用に関する一切の事項について，甲の故意又は重過失による場合を除き，乙又は第三者に対し何らの責任を負わない。但し，本件商標権の使用に関し，第三者からその所有する権利の侵害を理由とする訴訟の提起又はこれに準ずる行為がなされ紛争が生じたときは，甲は，乙の請求により，乙に対し当該紛争の解決に役立つ資料の提供その他の協力を行うものとする。

13　侵害の排除

第12条（侵害の排除）
1　甲は，その裁量において，本件商標権に対する侵害の防止及び排除のために必要な措置を実施する。

> 2　乙は，第三者が本件商標権を侵害し又は侵害するおそれがあることを知ったときは，直ちにその旨を甲に通知し，当該侵害の防止及び排除について甲に協力するものとする。

　当該商標を不正に使用した模倣品の流通は，商標の持つ出所表示機能，品質保持機能を大きく害するものであり，ライセンサーにとってはもちろん，ライセンシーにおいても，損害が生じる重大な問題である。特に，専用使用権者は，商標権の侵害に対して自ら差止請求を行うことができるのに対し（商標法36条1項），通常使用権者は自ら差止請求を行うことはできないため，通常使用権を有するにすぎないライセンシーは，ライセンサーに対し，商標権侵害の対応を求めていくことになる。

　この点，模倣品の流通の阻止の対応は容易ではなく，どの程度対応を行うかについてはライセンサーのビジネスジャッジによる点も大きいと考えられる。そのため，ライセンサーとしては，ライセンサーの裁量による旨を明記することが望ましい。

　他方，ライセンシーにおいては，ライセンサーの対応が不十分であるとして，より積極的な対応を要求したいということも考えられる。そのため，ライセンシーがより具体的に商標保護に関与するため，以下のような規定とするよう交渉することも考えられる。

〈ライセンシーの侵害排除等請求権を定める場合の条項例〉

> 1　甲は，本件商標権に対する侵害の防止及び排除のために必要かつ相当な措置を実施する。
> 2　乙は，第三者が本件商標権を侵害し又は侵害するおそれがあることを知ったときは，その旨を甲に通知し，甲は乙と協議のうえ，直ちに前項の措置を実施しなければならない。

14　製造物責任

> 第13条（製造物責任）
> 1　本件商品の欠陥により第三者の生命，身体又は財産に損害が生じた場合，乙は，当該損害を賠償する責任を負うとともに，これによって甲に生じた損害（当該第三者との間の紛争解決費用（弁護士費用を含む。）その他の合理的な対応に要した費用等）を賠償する責任を負う。
> 2　甲及び乙は，本件商品に欠陥があること又はそのおそれがあることを発見し，又はこれらに起因して自らが訴訟その他の紛争の提起を受けた場合には，直ちに相手方に対してその旨を通知し，相互に協力してこれを解決するものとする。

　製造物責任法により，「自ら当該製造物の製造業者として当該製造物にその……商標……の表示（以下「氏名等の表示」という。）をした者又は当該製造物にその製造業者と誤認させるような氏名等の表示をした者」は，製造業者として，製品の欠陥によって第三者に生じた損害を賠償する無過失責任を負う（製造物責任法2条3項2号，3条）。

　本来，製品の欠陥の責任を負うのは，商品の製造にかかわるライセンシーまたは製造業者のはずであるが，当該製品に製造業者が明記されていない場合は，製造業者と誤認させるような表示をした者として，商標権者であるライセンサーが責任追及を受ける可能性がある。

　したがって，ライセンサーとしては，そのような責任負担を回避するために，本条を規定する必要がある。

　この点，あらかじめ製造物責任法上の責任を負うことを防止するための規定が，第6条の規定である。もっとも，契約の効力は相対効にすぎず，第三者を拘束しないため，ライセンシーが第6条の義務を遵守しなかった場合，第三者のライセンサーに対する責任追及を防ぐことはできない（第11条の条項例として記載した，本件商標の使用に関してライセンサーの責任を免除する旨の規定についても同様である）。

　そこで，ライセンシーが第6条の義務を遵守しなかった場合に，ライセンサーが被った損害をライセンシーに対して請求することによって，ライセンサーが事後的な損害の回復を図ることを目的とするのが，本条の規定である。

　製造物責任法が無過失責任であることに照らすと，本条の重要性は非常に高く，ライセンサーが本条の削除に応じることは考えにくい。そこで，ライセンシーとしては，負担する損害の範囲を限定するよう交渉することが考えられる。具体的には，以下のような規定が考えられる。

〈ライセンシーの損害賠償義務を通常損害に限定する場合の条項例〉

> 1　本件商品の欠陥により第三者の生命，身体又は財産に損害が生じた場合，乙は，当該損害を賠償する責任を負うとともに，これによって甲に生じた損害のうち，通常生ずべき損害を賠償する責任を負う。

15　不争義務

> 第14条（不争義務）
> 乙が直接又は間接を問わず，本件商標の有効性を争った場合，甲は何らの催告を要せず直ちに本契約を解除することができる。

　商標の場合も，特許と同様，特にライセンサーにとって，不争義務を定めておくことが望ましい。不争義務の詳細については，特許実施許諾契約と同様であるので本書63頁を参照されたい。

16 新規の商標出願

> 第15条（新規の商標出願）
> 乙は，事前の甲の書面による承諾なしに，本件商標に類似又は関連する商標の登録出願を行ってはならない。

　本条も前条と同様，ライセンサーの商標権の保護を目的とするものであるが，前条の不争義務は，本件商標そのものの有効性に関する紛争を対象としているのに対し，本条は，本件商標そのものではない，類似または関連する商標の出願を対象としている。

　本条の定めにかかわらず，登録商標に類似する商標の使用は登録商標権者の商標権を侵害するものとみなされ（商標法37条），商標権者または専用使用権者は差止請求権を有するとともに（商標法36条1項），被った損害額について法律上の推定を受ける（商標法38条）。

　そのため，本条の意義は，類似または関連する商標の使用について，ライセンシーをけん制するとともに，後述の第17条と相まって，本契約の解除権の発生原因とすることにその意義がある。

17 有効期間

> 第16条（契約有効期間）
> 1　本契約の契約期間は，本契約締結日から〇年間とする。但し，本契約満了日の3か月前までに，甲又は乙のいずれからも相手方に対して書面による終了又は変更の通知がなかった場合には，同一の条件で自動的に〇年間延長されるものとし，その後も同様とする。
> 2　本契約の終了後においても，第4条第3項，第10条第3項，第13条，本条第2項，

> 第18条から第20条，第22条第4項及び第24条の規定はなお有効に存続する。

　本条は，特許実施許諾契約書における契約期間の定め（解説について，75頁参照）と異なり，期間を一定期間と定めつつ，契約期間満了後もいずれかの当事者からの申出がない限り自動的に一定期間更新されるという自動更新条項を定めている。

　継続的なライセンスの付与が見込まれる場合，あらかじめ契約期間を長期にしておくことも考えられるが，当事者双方において，タイムリーに契約の存続および内容の見直しを図ることが可能になり有益であることから，本条のような自動更新条項は，実務上よく用いられている。

　もっとも，自動更新であっても，当事者の双方に更新の拒絶権を与えることが通常であるから，特に，ライセンシーとしては，ライセンサーから契約の更新を拒絶され，当該ライセンスを前提とした事業を継続することができなくなるリスクが残存することには，十分留意する必要がある。

　また，サンプル契約書のように本契約が特段の異議がない限り自動更新されることとなっている場合，実際にその終期の間近になっても，契約時にそのような定めをしたことを失念してしまっていたために，本来望まない形で自動更新が行われてしまう可能性はありうる。その失念の理由としては，契約交渉および締結に臨んだ担当者が契約の有効期間中に異動により変更されてしまった，契約管理システムの導入など契約の管理体制が整っていなかったといったものが考えられよう。

　そのため，このような失念のおそれが払拭し切れず，かつ，必ずしも本契約の更新を必要と考えていないという場合には，普段取引先との契約に使用しているひな形に自動更新条項が規定されていたからといって安易にそれを用いることとはせずに，以下のように，契約期間更新の余地を残しつつも，あくまでそれを一方当事者の明示的な意思表示にかからせるといった建付けも検討されるべきである。

　なお，改正民法が2020年4月1日より施行されたところ，改正民法の施行後

に締結された契約には改正民法が適用されるが，改正民法の施行日前の契約については，旧法が適用される（改正民法附則2条，3条，5条等）。そして，改正民法の施行前に締結された契約が，施行日後に当事者の合意によって更新された場合は，更新後の契約には改正民法が適用されると考えられている[46]。

　また，自動更新条項に基づく更新については，当事者の明示的な意思表示または合意が存在しないものの，契約期間が満了する前に，当事者が契約の更新について異議を述べなかったという不作為等によって，当事者の合意によって契約が更新されたものと評価でき，施行日後に自動更新された場合には，自動更新後の契約には新法が適用されることになると考えられている[47]。すなわち，施行日前に締結された契約であっても，自動更新後は，当事者間で特段の合意がなくとも，改正民法が適用されるため，留意する必要がある。

〈申入れによる更新を定める条項例〉

> 1　本契約の有効期間は，本契約締結日から〇年間とする。但し，期間満了日の3か月前までに一方の当事者から書面によって本契約を更新したい旨の申入れがあった場合に，当該書面の受領後1か月以内に受領当事者が書面により異議を述べなかった場合には，本契約は同一条件でさらに〇年間更新されるものとし，その後も同様とする。

　本条の第2項は，いわゆる存続条項と呼ばれる条項であり，本契約の一部の条項に定める権利義務を，本契約の終了後も存続させるための規定である。代表的には，秘密保持義務や，専属的合意管轄に関する規定について一定の存続条項を設けるケースが多い。なお，秘密保持義務規定について存続条項を設ける場合，特に期限を設けずに存続させることとする場合と，契約終了後一定期間に限定して存続させることとする場合があるが，開示されることが想定される秘密情報の重要性や，義務負担の大きさ等を考慮して，存続期間を定めることになろう。

46　前掲注5・筒井＝村松383頁参照。
47　前掲注5・筒井＝村松383〜384頁参照。

18　解　　除

第17条（解除等）
1　甲及び乙は，相手方が次の各号のいずれかに該当する場合，直ちに本契約を解除し，自己に生じた損害について損害賠償を請求することができるものとする。
  (1)　本契約の条項のいずれかに違反し，その違反の是正を求める催告を受けたにもかかわらず，当該催告期間を過ぎても当該違反が治癒されないとき。
  (2)　本契約の条項のいずれかに違反し，当該違反の性質又は状況に照らし，当該違反を治癒することが困難であるとき。
  (3)　差押え，仮差押え，仮処分若しくは租税滞納処分又は任意整理，特別清算，会社更生手続の開始又は民事再生手続若しくは破産の申立を受け，又は，自ら申し立てたとき。
  (4)　手形又は小切手の不渡りを発生させ，支払停止処分を受けるなど信用状態が著しく悪化したとき。
  (5)　その他，本契約を継続することができないと認められる相当な事由があるとき。
2　甲及び乙は，○か月前までに相手方に対して書面による通知を行うことにより，本契約を解約することができるものとする。

　本条は，第１項において契約違反等の事由が生じた場合の解除について，第２項において契約期間中の解約について定めている。本条は特許実施許諾契約と同様であるため，特許実施許諾契約書の解説（75頁）を参照されたい。

19　契約終了後の取扱い

第18条（契約終了後の取扱い）
乙は，本契約終了時点において乙が保有する本件商品の在庫品に限り，本契約の終了にかかわらず，契約終了日から○か月の間，販売を継続することができるものとする。本件商品の在庫品の販売に伴う対価についても，第４条を適用するものとする。

　本条は，ライセンス契約終了後においても一定期間在庫品に限って販売を継続することができる旨を定めている。このような規定がない場合は，ライセンシーはライセンス契約が終了した場合には直ちに商標の使用を中止しなければならないことから，ライセンシーとしては，在庫品が無駄になることを防止するため，このような規定を設けておきたいところである。

20　損害賠償責任

> 第19条（損害賠償）
> 甲及び乙は，本契約の履行に関連して相手方に損害を与えた場合，これによって被った損害を直ちに賠償しなければならない。

(1)　損害賠償条項の意義

　契約違反，すなわち債務不履行の場合の損害賠償の原則的規律は，民法415条である（不法行為の場合について民法709条）。したがって，本条のような規定がなくとも，相手方の契約違反について，民法415条に基づく損害賠償請求を行うことは可能であり，契約書上の損害賠償規定は，（意図的か否かはともかくとして）単に確認の意味を持つにすぎない場合も多い。

　しかし，合意により損害賠償の範囲を任意に定めることも可能である（ただし，著しく一方当事者に不利益となる場合等においては，独占禁止法の禁止する優越的地位の濫用に該当し得るほか，公序良俗（民法90条）や信義則（民法1条2項）に基づいて，契約で定めた条項が無効となることもある）。

(2)　各要件の検討

　民法上の債務不履行に基づく損害賠償の要件は，①債務不履行（契約の違反），②損害の発生，③当該債務不履行と損害発生との間の因果関係であり，④当該債務不履行が債務者の帰責事由によるものでない場合は，債務者は免責

される（民法415条）。契約書において修正を行う場合も，この要件に沿って検討すると容易である。以下では，要件ごとの民商法上の原則と，それに対する修正の検討を行う。

ア　債務者の帰責事由

　債務者の帰責事由とは，債務者の故意過失または信義則上これと同視すべき事由を意味するものと解され，上述のとおり，債務者の債務不履行が，不可抗力による場合等，債務者の帰責事由によらない場合は，債務不履行責任は生じない。もっとも，ライセンス料等金銭債務の不履行につき債務者は不可抗力をもって抗弁とすることはできないため（民法419条3項），債務者による支払が不可抗力によって遅延したとしても，損害賠償責任を免れることはできない点に，留意する必要がある。

　契約締結にあたって優位な立場にある者としては，少しでも損害賠償の責任範囲を限定するため，下記の修正が考えられる。

〈故意・重過失の場合に限定する条項例〉

> 甲は，本契約に定める義務に違反した場合，故意又は重過失のある場合に限り，乙に生じた損害を賠償する責任を負う。

　なお，このように，契約書における損害賠償条項では，一方当事者のみの損害賠償責任を規定することがあるが，損害賠償責任を排除する等して民法の適用を排除しない限り，規定がない部分については民法上の規定によることになるので，上記条項例のような場合でも，乙の損害賠償責任が免責されるとまでは言えないと考えられる。

イ　損害および因果関係

　損害とは，債務の本旨に従った履行がなされたとした場合の財産状態と，当該債務不履行による現実の債務者の財産状態との差を，金額で表したものと一

般的に定義される（差額説）。

　損害は，債務不履行と相当因果関係を有するものでなければならず，民法上，その範囲は，通常の事情のもとで通常生ずべき損害，すなわち，その種の債務不履行があれば，通常発生するものと社会一般の観念に従って考えられる範囲の損害（通常損害）と，特別の事情のもとで，当該事情についての予見可能性があった場合に請求可能な損害（特別損害）であるとされている（民法416条）。ただし，どのような損害が「通常損害」に当たり，どのような損害が「特別損害」に当たるか，最終的には，個別具体事情のもと，裁判所の判断によることとなる。そのため，債務者不履行に起因してどのような損害が損害賠償の範囲に含まれるかは，紛争となった際に問題となりやすい論点である。

　そこで，通常の社会通念を前提に判例等を検討しやすい，通常損害に限定した修正を加えることも一考に値する。この場合のサンプル条項は，以下のとおりである。

〈損害賠償の範囲を限定する条項例〉

> 甲又は乙は，本契約の違反により損害を受けたときは，相手方に対して直接かつ現実に生じた損害につき賠償を請求することができる。

　なお，特別損害の請求の余地を残す場合であっても，特別損害は上述のとおり予見可能性を前提に判断されるため，特別の事情を「予見すべきであった」と容易に主張し得るよう，契約の締結に至った背景や事情等をより具体的に契約書や別紙に明記することも考えられる。

　また，契約では，あらかじめ想定される損害の項目を明記することによって損害賠償責任の範囲を拡張したり限定したりする条項を設けることも考えられる。拡張する場合の例としては，判例上，債務不履行の場合には認められないとされる弁護士費用について賠償責任を負う旨の規定が考えられる。この場合の条項例は，以下のとおりである。

〈弁護士費用の賠償を含む条項例〉

> 乙は，本契約の履行又は不履行に関して相手方又は第三者に損害（弁護士費用を含む。）
> を与えたときは，これを賠償するものとする。

(3)　損害賠償額の予定と違約罰

ア　損害賠償額の予定に関する条項

　民法は当事者が債務不履行について損害賠償額の予定をすることができると
しており（民法420条1項），これにより債権者は損害の発生を証明せずに損害
賠償を請求することができる。実務上，発生した損害の額について対立が生じ
ることは非常に多いため，債権者からすると損害額についての立証の負担を軽
減するという大きな利点がある。他方で，債務者としてもあらかじめ債務不履
行があった場合の損害賠償額を把握することができるという点で利点がある。

　この条項を定めた場合，民法上は，実際に生じた損害が条項で定めた損害額
と異なっていたとしても，増額請求も減額請求も認められない[48]。したがって，
当事者としては，この条項を定めた場合には，上記メリットを享受できる一方
で，債権者にとっては過小な賠償しか受けられないおそれがあるデメリット，
債務者にとっては過大な賠償を強いられるおそれがあるデメリットが存在する
ことになる。

　なお，債務者に帰責性がない場合にも予定された損害賠償請求が認められる
かが問題となるが，裁判例は一貫して債務者の帰責事由を必要としている[49]。

イ　損害賠償額の上限を定める条項

　また，実務上は，損害賠償額の上限を設定する条項を規定することも少なく
なく，実務上，一方（本契約ではライセンサー）が受領した対価の額を上限と

---

[48]　もっとも，損害額の予定が公序良俗に反し著しく不相当な場合には，裁判所において額
の増減がされる余地がある。
[49]　淵邊善彦＝近藤圭介編著『業務委託契約書作成のポイント』（中央経済社，2018年）137
頁参照。

することも多い。なお，上限の設定は，実際に生じた損害が設定した上限より
も低額の場合には実損害額を賠償すれば足りるという点において，損害賠償額
の予定と異なる。この場合の条項例は，以下のとおりである。

〈損賠賠償額の上限を定める条項例〉

> 甲は，故意又は過失により，本契約に定める義務に違反したときは，乙に対して生じた
> 損害を賠償する。但し，その損害賠償額は，本契約に基づき乙より受領した金額を上限
> とする。

　金銭債務の場合，法定利率を超える約定利率を定めることで，当該約定利率
により損害賠償請求をすることができる（民法419条1項ただし書）。この場合
の条項例は，以下のとおりである。

〈約定利率を定める条項例〉

> 乙が第〇条に定める金員の支払を怠った場合，乙は甲に対し，支払期日の翌日から支払
> 済みまで，年〇分の割合による損害金を支払う。

ウ　違約金

　民法上，違約金は損害賠償額の予定と推定される（民法420条3項）。もっと
も，あくまで違約罰であって，生じた損害は別途賠償請求できる趣旨である等，
当事者が賠償額の予定と異なる内容のものであると証明すれば，損害賠償額の
予定とは異なる意味における違約金として扱われる。損害賠償額の予定ではな
く，別途損害賠償請求ができることを明確にする場合の条項例は，以下のとお
りである。

〈違約金を定める条項例〉

> 乙は，本契約上の義務に違反したときは，甲に対して，違約金として金〇円を支払う。
> 但し，甲に当該金額を超える損害が発生したときは，甲は乙に対してその超過額を請求
> することができる。

(4)　他の損害賠償条項との関係

本条の損害賠償請求の一般的な条項に加え，他の条項でも損害賠償について規定されることがある。本条のような損害賠償の条項において，法律上の原則を修正している場合に，本条の規定が他の条項の解釈においても適用されるか否かが問題となる。

この点を明確にするために，本条との整合性について解釈の方法を定めた条項を入れておくと疑義が生じる危険性が低くなる。この場合の条項例は，以下のようなものである。

〈他の損害賠償条項との関係を定める条項例〉

> 第〇条の規定は，第19条に定める損害賠償の請求を妨げない。

21　秘密保持

> 第20条（秘密保持）
> 甲及び乙は，本契約に関連して知得した相手方の営業上，技術上の情報を秘密に保持し，
> 事前に書面による相手方の承諾なしに第三者に開示・漏えいしてはならない。

商標使用許諾契約においても，秘密保持条項を定めることは一般的である。解説については，特許権許諾契約書の解説（73頁）を参照されたい。

22　権利義務の譲渡禁止

> 第21条（権利義務の譲渡禁止）
> 甲及び乙は，相手方の事前の書面による承諾がない限り，本契約上の地位又はこれに基づく権利若しくは義務を第三者に譲渡し，担保に供し，又はその他の処分をしてはならない。

　債権の譲渡は，民法上，譲渡人および譲受人の合意のみによって行うことができ，債務者の承諾は不要とされている（民法466条1項）。また，債権者が契約に基づく債権を担保に提供することは，原則として担保提供者と担保権者との間の合意のみによって行うことができ，債務者の同意は不要である。

　しかし，当事者（債権者および債務者）間において，債務者の承諾がない限り債権の譲渡や担保提供を禁止または制限する旨の合意（譲渡禁止特約）を行うことは可能（民法466条2項）であり，実務上も，取引関係・信頼関係のない第三者からの債権行使の回避等の観点から，譲渡制限特約を定めることが一般的である。

　もっとも，他方当事者においては，本契約に基づく金銭債権等の担保提供（債権譲渡担保等）を予定しているケースがある。かかる場合には，本契約締結後に相手方から承諾が得られない可能性を考慮し，あらかじめ譲渡制限の対象から，当該担保提供を除外しておくことを検討する必要がある。その場合における条項例は，以下のとおりである。

〈担保提供を認める条項例〉

> 甲及び乙は，相手方の事前の書面による承諾がない限り，本契約上の地位又はこれらに基づく権利若しくは義務を第三者に譲渡し，担保に供し，又はその他の処分をしてはならない。但し，乙は，甲の事前の書面による承諾なくして，乙に対して有する債権を○○［金融機関等］に対して譲渡し，又は担保に供することができる。

　なお，旧法と異なり，譲渡制限特約に反する債権譲渡は有効であり（民法466条２項），譲渡制限特約を「知り，又は重大な過失によって知らなかった譲受人その他の第三者に対しては，債務者は，その債務の履行を拒むことができ，かつ，譲渡人に対する弁済その他の債務を消滅させる事由をもってその第三者に対抗することができる。」とされている（民法466条３項）。

　このように，譲渡制限特約に反した債権譲渡の効力が有効となってしまうことから，旧法時代と比べ譲渡制限特約に反した債権譲渡がなされてしまうリスクは高まるように思われる。そこで，譲渡制限特約の抑止力を高めるため，別途違約金の定めを設けることにより対処することが考えられる。

23　反社会的勢力の排除

第22条（反社会的勢力の排除）
1　甲及び乙は，次の各号のいずれか一にも該当しないことを表明し，かつ将来にわたっても該当しないことを表明し，保証する。
　(1)　自ら又は自らの役員が，暴力団，暴力団員，暴力団員でなくなった時から５年を経過しない者，暴力団準構成員，暴力団関係企業，総会屋，社会運動等標ぼうゴロ又は特殊知能暴力集団等その他これらに準じる者（以下，総称して「暴力団員等」という。）であること。
　(2)　暴力団員等が経営を支配していると認められる関係を有すること。
　(3)　暴力団員等が経営に実質的に関与していると認められる関係を有すること。
　(4)　自ら若しくは第三者の不正の利益を図る目的又は第三者に損害を加える目的をもってするなど，暴力団員等を利用していると認められる関係を有すること。
　(5)　暴力団員等に対して資金等を提供し，又は便宜を供与するなどの関与をしていると認められる関係を有すること。
　(6)　自らの役員又は自らの経営に実質的に関与している者が暴力団員等と社会的に非難されるべき関係を有すること。
2　甲及び乙は，自ら又は第三者を利用して次の各号のいずれか一に該当する行為を行わないことを保証する。

(1)　暴力的な要求行為。

(2)　法的な責任を超えた不当な要求行為。

(3)　取引に関して，脅迫的な言動をし，又は暴力を用いる行為。

(4)　風説を流布し，偽計を用い又は威力を用いて相手方の信用を毀損し，又は相手方の業務を妨害する行為。

(5)　その他前各号に準ずる行為。

3　甲及び乙は，相手方が前2項に違反した場合は，通知又は催告等何らの手続を要しないで直ちに本契約を解除することができるものとする。

4　甲及び乙は，前項の規定により本契約を終了した場合，相手方に損害が生じても，その賠償責任を負わないものとする。

　暴力団排除条項とは，暴力団等の反社会的勢力を取引から排除するための条項であり，条項例は一般的によくみられるものの1つである。契約締結後，取引の相手方が暴力団やその関係者であると判明した場合，本条に基づき，事後的に契約を解除することができる。実際に相手方に反社会的勢力に該当する疑いがある場面はそう多くはないと思われるが，契約実務において一般的に定められているものであるので，あえて排除する必要はなく，規定しておくことが望ましい。また，この条項を相手方に提示することにより，反社会的勢力との取引を発生させないという予防的効果もある。

24　協議および管轄

第23条（協議）
本契約に定めのない事項又は本契約の規定の解釈について疑義がある事項については，甲及び乙は，誠意をもって協議し，解決する。

第24条（管轄）
本契約に係る紛争に関する訴訟は，東京地方裁判所を第一審の専属的合意管轄裁判所とする。

　これらの紛争解決に関する条項を設定しておく必要性は，本契約においても変わらない。解説については特許実施許諾契約書の解説（78頁）を参照されたい。

COLUMN　ライセンスビジネスにおける商標権と著作権の違い

　依頼者からの相談や，M＆AにおけるDD（デューディリジェンス）において意外に散見されるのが，会社ロゴ，商品ロゴなどの重要なマークを商標登録していないケースである。商標登録に手間と費用がかかること，および，商標登録の対象となる標章は著作物として著作権法の保護の対象となる余地があることが理由の1つであろうが[50]，商標登録の有無で，実務上その違いはどう現れるのであろうか。

　最も重要な点は，紛争時の権利主張のしやすさ，すなわち，類似標章を用いたビジネスを展開する相手に対する，任意交渉や差止めの容易さに現れる。類似標章の使用をやめさせるためには，基本的に，相手方の標章使用が，こちらの商標権または著作権を侵害しているといえることが必要である。そのための大前提として，権利が発生しているといえなければならない。一見，当たり前のことといえそうだが，創作時に権利発生するはずの著作権は，まずこの点が大きな争点になる。なぜなら，著作権は，どのようなものにも認められるわけではなく，創作性を要件の1つとし（著作権法2条1項1号），この点に争いがある場合には，最終的には著作物性が認められるか否かについて，訴訟で判断を仰ぐほかない[51]。キャラクターなどの美術の著作物となりうるものであれば，著作物性は比較的容易に認められるが，会社ロゴや商品ロゴの場合，著作物として認められるかは微妙なものも多い。他方，商標権は，創作性という要件は課されておらず，登録に一定の時間と費用がかかるものの，あらかじめコストをかけておくことで，明確に権利を発生させることができ（商標法18条1項），相手方の無用な反論を抑え，早期解決に近づくことが可能となる。もちろん，商標権においても，相手方において，先使用権の主張や（商標法32条），商標登録の無効審判（商標法46条）等，反論の余地がないわけではないが，そのハードルは一定程度厳しいものとされており，相手方にとって決して交渉上強い材料とはいえないであろう。

　また，侵害の有無の立証という観点からも商標法と著作権法では異なる。著作権は創作物が創作された時点から生じ，登録を必要としないから，世の中には，数え切れないほどの著作物が存在している。そのため，他の著作物の存在をあらかじめ知ることは，ある程度著名なものでない限り困難である。そこで，著作権法は，他

50　文字で構成されるロゴは，著作物性が否定される傾向にあることに留意されたい（東京高判平成8年1月25日判時1568号119頁［Asahiロゴマーク事件］等）。
51　他に，不正競争防止法2条1項1号，2号に基づく主張も考えられるが，周知性や著名性の要件を満たす必要があり，これらの要件を満たすかどうかが必ずしも明確でない点は，著作権法による創作性の要件と同様である。

人が使用している著作物が類似していたとしても，直ちに著作権侵害が成立するのではなく，問題となっている著作物に「依拠」していない限り，著作権侵害とならないとしている。言い換えれば，相手方から参考にしていない，という反論の余地が生まれることになる。これに対し，商標権は，登録によって公示され，指定の商品やサービスについて，独占的に登録商標を使用することのできる権利であり（商標法25条），登録商標に依拠しているか否かにかかわらず，同一または類似するものであれば，商標権侵害が認められる。

　このように，商標権は，著作権と異なり，権利の発生が明確で，創作性，依拠性を要件としない特徴を有しており，これらは商標権のメリットといえる。

第7章

著作物利用許諾契約書の解説

　本章では，著作権のライセンス契約において典型的に規定されている条項について，サンプル契約の条項例を前提として説明する。

　著作権のライセンス契約を締結するに至るケースも，他のライセンス契約と同様に様々な場合が考えられる。典型的には，ライセンシーがライセンサーの保有する著作物の利用を希望する場合であるが，以下では，あるコンテンツの権利者であるライセンサーとゲーム制作会社であるライセンシーとの間で，ライセンシーが制作するスマートフォン用ゲームにライセンサーが権利を有するキャラクターを登場させる旨のコラボレーションを実施する場面を想定した，キャラクターの著作権に係る著作物利用許諾契約を題材に解説する。

1　前　　文

> （前文）
> 株式会社○○（以下「ライセンサー」という。）と株式会社○○（以下「ライセンシー」という。）は，以下のとおり著作物利用許諾契約（以下「本契約」という。）を締結する。

　前文においては，契約当事者が明示され，当該契約当事者が第1条以下に規

定されている契約条件について契約当事者が合意することが規定されている。前文の意義や機能については，特許実施許諾契約書と同様であるため，44頁を参照されたい。

2　目　　的

> 第1条（目的）
> 本契約は，ライセンサーがライセンシーに対して本件キャラクター（第2条第1号で定義する。）の利用を許諾することに関して，その条件を定めることを目的とする。

　目的条項の機能は，本契約によって実現したい内容を概括的に特定することにある。

　目的条項自体が法的拘束力を有することは稀であるが，契約の各条項の解釈をめぐって紛争が生じた場合には，当該条項を解釈するための指針として，目的条項の内容が参酌されることもある。そのため，本契約の解釈の指針となることを意図して，例えば本契約締結に至る経緯・背景等を規定することもあるが，サンプル契約書においては，どのような契約においても汎用的に使用できるよう，必要最低限の内容のみを規定している。

　また，目的条項においては，当該契約書の位置付けを明示することもある。例えば，本契約がサブライセンス契約である場合，当該サブライセンスの元となるライセンス契約を明示するとともに，本契約がそのライセンス契約を前提とするサブライセンス契約であることを規定することがある。

3　定　義

第2条（定義）

本契約において，次の各号で定義する各用語は，その用語の通常的な用法にかかわらず該当の各号で定めるところによる。

(1)　「本件キャラクター」とは，「ライセンスマン」と呼称されるキャラクターとして，別紙1に定めるものをいう。

(2)　「本件ゲーム」とは，ライセンシーが制作及び配信をするスマートフォン用ゲームアプリケーション「ゲーム・ライセンスマン」をいう。

(3)　「本件キャラクター等」とは，本件キャラクター及び本件ゲームのシナリオ，グラフィックス，画像，音声，音楽，イラストその他本件ゲームを構成する一切の情報のうち，本件キャラクターに関連するものをいう。

(4)　「本件素材」とは，ライセンシーが，本件キャラクター等を制作する際の素材となるテキストデータ，画像データ，動画データ，音楽データ，ソースコード等の素材，資料をいうものとする。

(5)　「本件広告宣伝物」とは，本件ゲームに関する広告宣伝及び販売促進活動の目的でライセンシーが本件キャラクター等を利用して制作したPV，POP，ポスター，チラシその他の広告宣伝物をいう。

(6)　「プラットフォーム運営会社」とは，本件ゲームを公開及び販売するウェブサイトである「□□」を運営する□□ Inc.及び「△△」を運営する△△ LLCをいう。

(7)　「本件ユーザー」とは，ライセンサーの指定又は承諾するところに従い，プラットフォーム運営会社所定のユーザー登録をし，かつ，プラットフォーム運営会社が提示する本件ゲームに関する規約に同意した一般消費者をいう。

　本条は，契約書上で用いる用語の定義を定めるものである。

　本条のような定義規定が必ず必要ということはなく，契約書上の初出箇所において「（以下「○○」という。）」といった形で定義を定めることも可能である。ただし，契約書上用いられる用語の定義をまとめて冒頭に定めておくほうが，都度参照しやすいというメリットもあるため，定義される用語が極端に少ないといった場合を除いては，本条のような規定を定めることがまず検討されるであろう。

　また，「本件キャラクター」と「本件キャラクター等」，「本件素材」等との関係のように，ある特定の定義語の定義の中に他の定義語が用いられる場合も少なくないが，契約書上の初出箇所が必ずしも都合よく「意味順」となる保証はないので，本条のような定義規定によって「意味順」に定義を一覧化しておくことが，契約書の作成過程においても便宜であるともいえる（英文契約書では，定義はアルファベット順に記載されることも一般的であるが，日本の契約書では，定義規定だけで数ページにもわたるような長大な契約書でない限り，定義を五十音順に記載するといったルールはないと思われる）。

　定義を定めている各号は，基本的には単に「言葉の意味」を定めただけであるから，それ自体によって特定の法的効果を発生させるものではないが，契約書上の各条項において発生するとされる法的効果の主語や目的語となったりすることがあるため，「ただの定義だから」といって安易に定めておくことは適切ではない。

　例えば，第1号は，ライセンスの対象となるコンテンツを特定するものであるため，それ自体によってライセンスされる著作物の内容（範囲）が画されることになるが，著作物（キャラクター等）の名称を特定しただけでは，キャラクターの図柄にも様々な「バージョン」があるといった場合，契約書上ライセンスされた著作物の内容は不明確になってしまう。著作権というものは，「ライセンスマン」といったキャラクター（人格）そのものに対して生じているわけではなく，あくまで「ライセンスマン」との名前を冠するデザイン等の具体的な表現に対して生じているものだからである。

COLUMN　　　　　　キャラクターの著作権

　著作権は，抽象的なアイデアではなく，具体的な表現に発生する（表現・アイデア二分論）。一般的な意味でのキャラクターとは，小説や漫画等の具体的表現から昇華したイメージにすぎないものであるから，抽象的なアイデアに属するものであり，キャラクターそのものに著作権は発生しない。

　判例においても，「具体的な漫画を離れ，右登場人物のいわゆるキャラクターをもって著作物ということはできない。けだし，キャラクターといわれるものは，漫画の具体的表現から昇華した登場人物の人格ともいうべき抽象的概念であって，具体的表現そのものではなく，それ自体が思想又は感情を創作的に表現したものということができないからである。」と判示されている（最判平成9年7月17日民集51巻6号2714頁［ポパイ・ネクタイ事件］）。すなわち，キャラクター自体ではなく，当該キャラクターが登場する漫画の図柄に著作権が発生しているのである。

　したがって，ある漫画のキャラクターの図柄を盗用（俗っぽくいうと「パクリ」）した作成者に対して，著作権侵害に基づき差止請求等を行う場合には，その盗用された図柄が，漫画のどのコマのどの図柄と類似しているかまで主張・立証しなければならない。

　もっとも，上記［ポパイ・ネクタイ事件］において，最高裁は，「著作物の複製とは，既存の著作物に依拠し，その内容及び形式を覚知させるに足りるものを再製することをいうところ（中略），複製というためには，第三者の作品が漫画の特定の画面に描かれた登場人物の絵と細部まで一致することを要するものではなく，その特徴から当該登場人物を描いたものであることを知り得るものであれば足りるというべきである。」と判示し，複製の範囲を，完全に一致するレベルまでは求めていない。つまり，一般的な用語としての「複製」と著作権法上の用語としての「複製」とでは，その範囲が若干異なり，著作権法上の「複製」のほうが一般的な用語としての「複製」よりも，複製していると認められる範囲が広いといえるだろう。

4　知的財産権

第3条（知的財産権）
本件キャラクター，本件キャラクター等及び本件素材に関する著作権（著作権法第27条及び第28条に定める権利を含む。）その他の一切の権利は，ライセンサーに帰属するものとする。

　ライセンス契約は，通常，それ自体によって著作権その他の知的財産権の帰属を変更するものではないが，契約の前提事実として，著作権の帰属について確認的に規定することが一般的である。

　本条は，「本件キャラクター」と「本件素材」に関する「著作権その他の一切の権利は，ライセンサーに帰属するものとする。」との規定により，本契約上のライセンスの対象となる著作物の著作権がライセンサーに帰属していることを確認した上で，これを本契約に基づき，ライセンシーに対して利用許諾するものであるという本契約の基本的な構造を明らかにするものであり，いわば当たり前のことを記載している部分である。

　他方，「本件キャラクター等」に関して，「著作権その他の一切の権利は，ライセンサーに帰属するものとする。」とする部分は別途検討を要する。著作権法上，ある著作物（原著作物）の翻案[52]によって創作された著作物は，二次的著作物とされる（著作権法2条1項11号）。二次的著作物については，これを創作した者が有する著作権と同一の種類の権利を，原著作物の著作権者も有するとされている（著作権法28条）。

　「本件キャラクター等」は，本件キャラクターに対して加えられる作業の内

---

[52]　翻案とは，「既存の著作物に依拠し，かつ，その表現上の本質的な特徴の同一性を維持しつつ，具体的表現に修正，増減，変更等を加えて，新たに思想又は感情を創作的に表現することにより，これに接する者が既存の著作物の表現上の本質的な特徴を直接感得することのできる別の著作物を創作する行為」をいう（最判平成13年6月28日民集55巻4号837頁［江差追分事件］）。

容・程度が微小であり，「二次的著作物」に至らない場合には，「本件キャラクター」の著作権とは別に「本件キャラクター等」の著作権が発生することはないが，作業の内容・程度が一定限度を超える場合，それらは「二次的著作物」に該当するものとして，「本件キャラクター」の著作権とは別に，「本件キャラクター等」の著作権が発生し，それは著作者であるライセンシーに原始的に帰属することになる（もっとも，二次的著作物の原著作物の著作権者として，ライセンサーは二次的著作物の利用について権利を有する）。

このような場合にライセンサーが「本件キャラクター等」の著作権を自らに帰属させるためには，契約書上，そのことを明記しておく必要がある。

以上の理由から，「本件キャラクター」とは別に，「本件キャラクター等」についても「著作権その他の一切の権利は，ライセンサーに帰属するものとする。」と規定しているのである。なお，規定上は「帰属する」と記載されているが，法的には，「本件キャラクター等」に係る著作権が，ライセンシーからライセンサーに譲渡されるという意味になる。

さらに著作権法上，特有の問題として，留意しなければならないことがある。二次的著作物の著作権は，単に「著作権その他の一切の権利は，ライセンサーに帰属するものとする。」とだけ規定しても，すべての著作権が譲渡されたことにならない。著作権法は，「著作権を譲渡する契約において，第二十七条又は第二十八条に規定する権利が譲渡の目的として特掲されていないときは，これらの権利は，譲渡した者に留保されたものと推定する。」（61条2項）と規定しているからである。そのため，著作権法27条，28条に規定された権利である二次的著作物の利用権まで移転させるための「特掲」として，本条に，「（著作権法第27条及び第28条に定める権利を含む。）」との一文を挿入する必要がある。

「ライセンサーに帰属」との文言では，ライセンシーにとって，ライセンシーが新たに創作した著作物に係る著作権について譲渡がなされていることが明確ではないという観点から，より明確に著作権を移転することを注意喚起的に記載するのであれば，以下のような条項例も考えられる。

〈ライセンサーに対して，著作権譲渡がなされている旨を明確にする条項例〉

> 本件キャラクター，本件キャラクター等及び本件素材に関する著作権（著作権法第27条及び第28条に定める権利を含む。）その他の一切の権利は，ライセンサーに帰属するものとし，当該権利がその発生時にライセンシーに原始的に帰属する場合，当該権利は発生と同時にライセンサーに移転されるものとする。

5　利用許諾

> 第4条（利用許諾）
> 1　ライセンサーは，ライセンシーに対し，ライセンシーが日本において本件ゲームを制作及び配信するにあたり，本契約に規定される条件に従って本件キャラクターを利用することを非独占的に許諾（以下「本件許諾」という。）する。
> 2　本件許諾には，本件広告宣伝物の制作及び頒布についての許諾が含まれるものとする。
> 3　ライセンサーは，自ら又は第三者をして，ライセンシー及びライセンシーの指定する第三者に対し，著作者人格権を行使してはならない。
> 4　ライセンシーは，本件ユーザーに限り本件ゲームを提供することができ，本件ユーザー以外の者に対して本件ゲームを提供してはならない。

　第1項は，ライセンスの範囲を「日本において本件ゲームを制作及び配信する」ための「非独占的」なものであることを規定している。「日本において」との文言に必然性はなく，当事者間の合意により，ライセンサーが認めるのであれば「全世界において」等と地域を定めることは可能である。

　条項例では，非独占的利用許諾が定められている。そのため，ライセンサーはライセンシー以外の第三者に対して，日本国内においてライセンシーと同様の内容の利用許諾を行うことができる。ライセンシーの立場からは，第三者による競業を阻止し得ないこのような規定は望ましいとはいえないが，実務上，独占的な利用許諾を受けるためには，非独占的利用許諾を受けるよりも高額のライセンス料を支払う必要がある。そのため，ライセンシーとしては，独占的

利用許諾を受けるだけの費用対効果があるか否かというビジネス的な判断をして，許諾の内容を検討することになる。

　例えば，「本件キャラクターをゲーム内のアバターとして利用すること」など，より広い範囲で利用許諾を受ける場合には，ライセンシーとして，利用許諾の性質を「独占的」なものとするようライセンサーと交渉することも考えられる。筆者が思いつく限りでも「ゲーム内のアバター」が登場するゲームは非常に多いが，例えば仮想世界でセカンドライフを満喫できるといった趣旨のゲームが複数競合する中，ある特定の人気キャラクターのアバターを自身のゲーム内で独占的に配信できれば，「『ライセンスマン』として生活してみたい」といったニーズを持つユーザーを囲い込むことにつながり，高額のライセンス料を支払ったとしても経済的に大きな収益が見込める場合がありえるからである。

　以上のように，利用許諾の対象や許諾される利用の態様などを考慮して，必要と判断される場合には，利用許諾の範囲をより具体的にした上で，当該範囲に関しては独占的なライセンスとなるよう，例えば次のように条項例を工夫することになる。

〈独占的な利用許諾を受ける場合の条項例〉

> ライセンサーは，ライセンシーに対し，ライセンシーが日本において，本件ゲーム又はその他のアバターコミュニティゲーム（ユーザーが自分のアバターとしてキャラクターを作成し，他のプレイヤーが作成したアバターとの交流などを行うゲームのことをいう。）を制作及び配信するにあたり，本件ゲームに本件キャラクターを利用することを，本契約に規定される条件に従って独占的に許諾（以下「本件許諾」という。）する。

　なお，第三者がこれを行うことができないことは当然であるが，派生論点として，「独占的ライセンスとした場合に，ライセンシーと同様の態様による利用を，ライセンサーが行うことができるか」という問題がある。

　法律上，独占的利用許諾を定めた場合，ライセンサー自らが利用できるかについて明記した条文はないことから，結論としては，当事者間の合理的な意思

解釈に基づいて個別案件ごとに判断されることになる。したがって，「独占的」との文言によって発生させようとする法的効果の内容に応じて，第三者のみならずライセンサーまでもがライセンシーと同様の利用を行い得なくさせることをライセンシーとして想定しているのであればその旨を，ライセンサーとしては，自ら利用することも想定しているのであればライセンサー自ら利用することを，それぞれ明記して，当事者間において認識の齟齬がないようにしておくことが肝要である。

　第2項は，本件キャラクターの利用許諾が，本件ゲームの配信に限らず，その広告宣伝活動にも及ぶことを定めている。例えば，ゲームに新キャラやレアキャラが期間限定で登場する場合などには，事前にゲーム内外でその旨の告知を行っておくことが通常であるから，このような規定が置かれることは一般的と言えるだろう。

　第3項は，いわゆる著作者人格権の不行使特約を定めている。公表権（著作権法18条），氏名表示権（同法19条），同一性保持権（同法20条）からなる著作者人格権は，一身専属的な権利として，第三者に対する譲渡ができないものとされている（同法59条）。そのため，上述のとおり，条項例第3条は，ライセンシーからライセンサーに対して「本件キャラクター等」と「本件素材」の著作権を移転させる機能を有する場合があるところ，同条によっても，著作物に係る著作者人格権は，著作権譲渡の対象とはなりえない。

　例えば，ライセンシーが本件キャラクターを本件ゲーム内で「敵キャラ」として登場させようとしてそれらしい服装や表情を加えた場合に，ライセンサーが，「そのような利用はライセンスマンの性格にはそぐわない」として，同一性保持権を行使されてしまった場合には，ライセンシーとしては当然困ってしまう。そういったことのないよう，著作者との間で，本項のような著作者人格権に係る不行使特約を定めておくことで，「ライセンシーによる契約書上定められた態様による利用については，法律上の異議を述べない」旨を合意するのである。

　さらに発展的な論点として，例えば，ユーザーが，ゲーム内で自身のアバ

ターに好きな衣装や武器などを装備させた上で，その様子（姿）をTwitter等のSNSで共有（拡散）できる機能が備えられているゲームである場合，厳密には，ユーザーによるそのような行為も，著作権（複製権，公衆送信権等）の利用に該当し，著作権者たるライセンサーの許諾が必要な行為であるということになるが，かかる許諾を受けていないがために，ユーザーがライセンサーから差止請求等を受けてしまうこともありうる。「ライセンサーがわざわざそのようなことをするはずがない」と思うかもしれないが，ゲームの詳細な仕様がライセンサーの法務担当者（や相談先の弁護士等）に十分に伝わっておらず，契約書締結後になってはじめてそれが明らかになる場合もあり，無用な紛争を防止するためにも，きちんとした手当てを行っておくことが肝要である。かかる手当てとしては，以下のような条項例が考えられる。

〈ユーザーの利用行為に関して，ライセンサーが権利行使を行わないことの条項例〉

> ライセンサー及びライセンシーは，本件ユーザーが，本件キャラクター等を自らの携帯端末に保存し，又は，ソーシャル・ネットワーキング・サービス（SNS）その他の媒体に投稿することができ，本契約期間中及び本契約終了後においても，本件ユーザーに対し，当該行為に係る差止請求及び損害賠償請求を含む何らの請求をしないことを確認する。

　また，「本件ゲーム」がスマートフォン用のアプリケーションである場合には，以下のような規定によってコンテンツをプラットフォーマーの定めたルールの枠内で適切に配信・運営することを，ライセンシー側の義務とすることも考えられる。例えば，ライセンシーがプラットフォーム上のルールを無視して（違反して）本件キャラクターを配信した場合（例えば，Apple社のApp Store上では，有料コンテンツの配信にあたって，同社の設けた課金システム以外を用いた課金を行った場合には，配信停止（BAN）等の違反措置の対象となりうる）には，本契約書上，企図された事業を遂行することができなくなり，ライセンサーとしてもライセンスフィーの回収が困難になるなどの不利益を受けるおそれがある。ライセンサーとしても，ライセンシーに対して本項のような

契約書上の義務を課すことにより，そうした事態の発生を防止することが望ましいだろう。

〈プラットフォーマーの定めたルールの枠内で適切に配信・運営することを，ライセンシー側の義務とする条項例〉

○　ライセンシーは，本件ゲームを制作及び配信するにあたり，プラットフォーム運営会社との関係においても本契約の内容に違反，抵触等しないようにするとともに，プラットフォーム運営会社が本契約の内容に違反又は抵触等した場合には，ライセンサーに対してライセンシー自らその一切の責任を負うものとする。

○　ライセンシーは，本件ゲームを制作及び配信するにあたり，プラットフォーム運営会社以外の第三者の基本ソフトウェア，オペレーティングシステム（OS），ソーシャル・ネットワーキング・サービス（SNS）に係るプラットフォーム等を使用する場合，ライセンサーの書面による事前の承諾を得るものとする。

COLUMN　　　　「利用」と「使用」の違い

　著作物のライセンス契約においては，著作物を「利用」する，あるいは著作物を「使用」すると表現されることがある。これらの使い方により契約書の解釈が異なる結論に至る可能性は低いが，これらを区別して使用している専門家等も多い。

　1つの区別の仕方は，「利用」は著作権法21条から28条までに規定されている著作物の法定利用行為を指し，「使用」はそれ以外を指すというものである。もう1つの区別の仕方は，「使用」は対象が有体物に限られるが，「利用」は対象に無体物が含まれるというものである。

　前者の区別に関しては，一般に，許諾の対象となる行為が著作権法21条以下で保護されているからこそライセンス契約を締結するのであるし，また，後者の区別に関しては，「利用」が「使用」を包摂することになるのであるから，著作権のライセンス契約実務においては，迷ったら「利用」を採用することでよいと考える。

　ただし，少なくとも契約実務においては，このような使い分けに過剰な反応を示す必要はない。契約書の条文の作成における最大の目的の1つは，当事者間双方の認識の齟齬をなくすことである。したがって，解釈の疑義が生じないよう書いてあれば，「利用」でも「使用」でも法的効果としては大差ないといえるだろう。

6　再利用許諾・再委託

第5条（再利用許諾・再委託）
1　ライセンシーは，ライセンサーの書面による事前の承諾を得た上で，本件許諾により許諾された権利を第三者（以下「再委託先」という。）に再許諾するとともに，本件ゲームの制作の一部を再委託先に再委託することができる。
2　ライセンシーは，前項に定める再委託をする場合，再委託先に対し，ライセンシーが本契約に基づきライセンサーに対して負う義務と同等の義務を書面により負わせるとともに，再委託先が当該義務に違反したときは，当該義務違反をライセンシーによる義務違反とみなし，ライセンサーに対して当該違反についての一切の責任を負うものとする。

　著作物の利用目的がゲームにおける利用である場合など，利用にあたって，ライセンシー以外の第三者（ゲーム開発会社等）の協力が必要な場合も想定される。著作権の利用許諾には，利用の再許諾（サブライセンス）を認める権利は当然には含まれないため，ライセンシーとして，第三者へのサブライセンスが想定される場合には，どのような条件であればサブライセンスを行ってよいか事前に内諾を得ておき，その内容を契約書上適切に反映させておく必要がある。

　あらかじめ特定の第三者が本件ゲームにおける本件キャラクターの利用のために協力をすることについてライセンサーの内諾が得られているのであれば，次のように，その旨を契約書上定めておき，締結後の承認プロセスを省くことも可能である。

〈サブライセンス先について，ライセンサーの承諾を契約書上明示しておく条項例〉

> 1　ライセンシーは，ライセンサーの書面による事前の承諾を得た上で，本件許諾により許諾された権利を第三者（以下「再委託先」という。）に再許諾するとともに，本件ゲームの制作の一部を再委託先に再委託することができる。ただし，再委託先を○○とする場合については，ライセンサーは，本契約書上において，当該再委託先への再許諾を承諾するものとする。

7　対価および支払方法

> 第6条（対価及び支払方法）
> 1　ライセンシーは，ライセンサーに対し，本件許諾の対価，第3条に基づく権利帰属の対価その他本契約の一切の対価（以下「本件対価」という。）として，以下の計算式により算出される金額（消費税別）を支払うものとする。
>
>   　本件対価＝（売上金額－マーケット運営会社の手数料）×○％
>   　※「売上金額」とは，本件ゲーム内でのみ使用可能な通貨を，マーケット運営会社を通じてユーザーが購入した金額をいい，また，本件対価として算出される金額に1円未満の端数が生じたときは，これを切り捨てるものとする。
> 2　ライセンシーは，前項に定める本件対価を，毎月末日締め翌々月末日（末日が銀行営業日でない場合は翌営業日）限りで，ライセンサーが別途指定する銀行口座に振込送金する方法により支払うものとする。
> 3　いかなる理由においても，ライセンサーは，ライセンシーから受領した本件対価をライセンシーに対して返還する義務を負わないものとする。

　本条は，著作権の利用許諾の対価（ライセンスフィー）およびその支払方法を定める条項である。

　条項例に挙げたものは一般的なライセンスフィーの算定式であるが，実態に合わせて，柔軟な定め方が可能である。例えば，ある一定の固定金額を毎月または毎年支払うといった定め方をする場合には，第1項は次のようになる。

〈一定の固定額を支払う条項例〉

> 1　ライセンシーは，ライセンサーに対し，本件許諾の対価，第3条に基づく権利帰属
> の対価その他本契約の一切の対価（以下「本件対価」という。）として，月額○円（消
> 費税別）を支払うものとする。

　しかし，著作権の利用許諾というものは，性質上，ライセンシーにおける収
益活動のために行われるものである。そのため，かかる活動によって得た収益
に連動する形でライセンスフィーを定めたほうが，より実態に即したものとな
り，ライセンサーにとって好ましい場合が多いといえるだろう。もちろん，収
益が一定程度見込まれる場合でないと，固定金額制の場合と比べ，かえってラ
イセンサーが不利益を被ってしまうことになりかねないが，その場合には，い
わゆる「ミニマム・ライセンスフィー」を定めておき，仮に収益連動制のライ
センスフィーが「ミニマム・ライセンスフィー」を下回った場合には，「ミニ
マム・ライセンスフィー」の金額を，ライセンサーに対して支払われるべきラ
イセンスフィーの金額とする方法が考えられる。そのように条項例を修正する
と，次のようになる。

〈一定金額をミニマム・ライセンスフィーとして定める条項例〉

> 1　ライセンシーは，ライセンサーに対し，本件許諾の対価，第3条に基づく権利帰属
> の対価その他本契約の一切の対価（以下「本件対価」という。）として，以下の計算
> 式により算出される金額（消費税別）を支払うものとする。
> 　　本件対価＝（売上金額－マーケット運営会社の手数料）×○％
> 　　※「売上金額」とは，本件ゲーム内でのみ使用可能な通貨を，マーケット運営会
> 　　　社を通じてユーザーが購入した金額をいい，また，本件対価として算出される
> 　　　金額に1円未満の端数が生じたときは，これを切り捨てるものとする。さらに，
> 　　　上記の計算式により算出される金額が○円に満たない場合には，本件対価は○
> 　　　円（消費税別）とする。

　また，条項例にある「本件対価＝（売上金額－マーケット運営会社の手数
料）×○％」の「○」の部分を「売上金額」に応じて段階的に定めることもで

きる（段階式）。そのように条項例を修正すると，次のようになるだろう。

〈対価を売上金額に連動して定める場合の条項例〉

1　ライセンシーは，ライセンサーに対し，本件許諾の対価，第3条に基づく権利帰属
の対価その他本契約の一切の対価（以下「本件対価」という。）として，以下の計算
式により算出される金額（消費税別）を支払うものとする。
　　本件対価＝（売上金額－マーケット運営会社の手数料）×Ｘ％
　　Ｘは，売上金額に応じて下表のとおりとする。

売上金額	Ｘ
○円以下	○
○円超○円以下	○
○円超	○

※「売上金額」とは，本件ゲーム内でのみ使用可能な通貨を，マーケット運営会
社を通じてユーザーが購入した金額をいい，また，本件対価として算出される
金額に1円未満の端数が生じたときは，これを切り捨てるものとする。

　消費税がときに「裕福な者にとって有利な税制」などと揶揄されることがあ
るように，ライセンスフィーの算定式における料率を固定した場合には，ライ
センシーとして，「売上が上がっていないときにまでこれだけたくさんのライ
センスフィーを支払うのは苦しい。」，「売上が十分に上がっているときには，
ライセンスフィーを支払う余裕があるのに。」と思うことがあるかもしれない
が，段階式はそういったライセンシー側のニーズに応えるものであるといえる
（もちろん，ライセンサーも「取れるときにたくさん取る」ことができるよう
になるわけだから，ライセンサーにとっても十分にメリットはある）。
　利用許諾を受けるコンテンツ自体に既に爆発的な知名度や人気があって，利
用許諾直後から大きな売上が見込まれるような場合は別にして，利用許諾後，
十分な売上が上がるかわからない，または上がるとしても一定の期間を要する
など，利用許諾期間中に売上が大きく上下することが予想される場合には，そ
の時々の売上額に応じた柔軟なライセンスフィーの算定が可能になるよう，こ
の段階式の定めを置くことは有益だろうと思われる。

8　本件素材の提供等

第7条（本件素材の提供等）
1　ライセンサーは，ライセンシーに対し，ライセンシーが本件キャラクター等を制作するために必要な本件素材を提供するものとする。
2　ライセンシーは，ライセンサーから提供された本件素材を用いずに自ら作成等した本件素材を用いて本件キャラクター等を制作しようとする場合，当該本件素材の内容について，ライセンサーの書面による事前の承諾を得なければならないものとする。
3　ライセンシーは，本契約の終了後〇日以内に，ライセンサーに対し，ライセンサーから提供を受けた一切の本件素材を返却する。

　本契約書上，ライセンシーは，ライセンサーから利用許諾を受けた本件キャラクターを自らが配信するゲーム内で登場させることを企図している。

　そのような場合には，通常，①ライセンサーがライセンシーにキャラクターの資料（画像データ等）を提供して，ライセンシーがこれを用いてコンテンツを作成する方法，②ライセンシー自らが作成した資料をもとにコンテンツを作成する方法，の2つが考えられるが（その他，ライセンサー・ライセンシーの両者が共同で資料を作成するなどといったケースもありうるだろう），本条項例は，原則として①，例外的に②を定めている。

　法律上，どちらにすべき，どちらが望ましいといった決まりはないが，ライセンサーとしては，自らの「財産」である著作権の利用を適切に管理するため，①の方法を用いたいと考えることが実務上は多い。反対に，ライセンシーとしては，契約・法律上許される限りで，利用許諾を受けたキャラクターをなるべく自由かつ柔軟に利用してコンテンツを作りたいとの考え方から，②の方法を用いたいと考えることが多い。

　そういった意味で，本条項例は「ライセンシーは，原則，ライセンサーが提供する資料を用いてコンテンツを作るが，ライセンサーの承諾があれば，自ら作成した資料を用いることができる」旨を定めた折衷案である。

　ライセンサーの立場から，ゲームに利用されうるすべての資料を自ら作成したいということであれば，本条項例の第2項を削除することになるが，反対に，ライセンシーの立場から，比較的自由にコンテンツの作成を行いたいというのであれば，次のように修正を試みることになる。なお，ライセンサーとしては，このような条項例を許容する場合，ライセンシーが作成した素材の著作権の帰属について，ライセンサーに帰属させておくべきであると考える場合には，事前にその旨を定めておくべきである。

〈ライセンシーの裁量でコンテンツの素材を作成することができるようにする条項例〉

> 1　ライセンサーは，ライセンシーに対し，ライセンシーが本件キャラクター等を制作するために必要な本件素材を提供するものとする。
> 2　ライセンシーは，ライセンサーから提供された本件素材を用いずに自ら作成等した本件素材を用いて本件キャラクター等を制作しようとする場合，当該本件素材の内容について，ライセンサーに対して［事前／事後］に報告をしなければならないものとする。

9　遵守事項

> 第8条（遵守事項）
> ライセンシーは，本件キャラクターを利用して本件ゲームを制作及び配信する上で，次の事項を遵守するものとする。
> （1）第三者の著作権その他の知的財産権を侵害しないこと
> （2）本件キャラクター等を社会的，教育的に悪影響を及ぼすおそれのある方法で取り扱わないこと
> （3）ライセンサー及び本件キャラクターの評価及びイメージを損ない，又はそのおそれのある行為をしないこと

　ライセンシーによるキャラクターの利用が第三者の権利を侵害し，当該第三

者が訴訟を提起するなどした場合，ライセンサーの望まぬ形でキャラクターが世間の耳目を集め，キャラクターのイメージ，ひいては経済的価値を毀損しかねない。また，ライセンシーが，ライセンサーによって許諾された範囲を超えてキャラクターを利用した場合，予期せぬイメージがキャラクターに付与され，ライセンサーがキャラクターに関して行う事業に影響を与えかねず，やはりキャラクターの経済的価値を毀損しかねない。

　このように，ライセンシーによるキャラクターの利用は，キャラクターの経済的価値にとって極めて重要なキャラクターのイメージに影響を与え得る。

　そのため，ライセンサーとしては，許諾条項に加えて，ライセンシーが遵守すべき事項を定め，キャラクターのイメージの保護を図る必要がある。本契約第8条においては，そのような観点から，ライセンシーに対して一定の遵守義務を課している。

　また，キャラクターのイメージの保護を図るためには，何らかの事故が発生した場合の初動対応も重要となる。その観点から，ライセンサーが事故の発生を速やかに覚知できるよう，例えば，条項例第8条に以下の報告義務を定めた条項を加えることも考えられる。

〈キャラクターに関する訴訟等の事故発生時の対応を加筆する条項例〉

> ライセンシーは，自己又は再委託先が第三者から本件キャラクター等に関して請求，異議申立て，訴訟提起，クレーム等を受けた場合，直ちにこれをライセンサーに報告するものとし，善後策を協議する。

　また，報告義務を課すだけではなく，当該事故発生によって被る損害の負担についてまで定めておくこともライセンサーにとって有用である。そこで，ライセンサーとしては，ライセンシーが遵守事項に違反して事故が発生した場合について，以下の条項の加筆を求めることが考えられる。

〈キャラクターに関する訴訟等の事故によって発生した損害の分担を定める条項例①〉

> ライセンシーは，第1項各号の義務に違反してライセンサー，自己又は再委託先が第三者から本件キャラクター等に関して請求，異議申立て，訴訟提起，クレーム等を受けた場合，自らの責任と負担においてこれを解決するものとし，ライセンサーに一切の迷惑及び負担をかけないものとする。

　これに対し，ライセンシーとしては，上記条項の加筆を拒否することも考えられるが，交渉の力関係から完全な拒否ができない場合には，次善の策として，上記条項に以下の下線部のただし書を加筆させることが考えられる。

〈キャラクターに関する訴訟等の事故によって発生した損害の分担を定める条項例②〉

> ライセンシーは，第1項の義務に違反してライセンサー，自己又は再委託先が第三者から本件キャラクター等に関して請求，異議申立て，訴訟提起，クレーム等を受けた場合，自らの責任と負担においてこれを解決するものとし，ライセンサーに一切の迷惑及び負担をかけないものとする。但し，<u>ライセンシーによる第1項の義務違反がライセンサーの指示に基づくものである場合，その他ライセンサーの責めに帰すべき事由による場合はこの限りではない。</u>

　なお，本契約第8条第2号・第3号の遵守事項は，キャラクター等のイメージを損なわない利用をしてはならないという抽象的な定め方になっている。ライセンシーとしては，キャラクターのイメージを損なわないものと考えていたとしても，ライセンサーから遵守事項違反を指摘され，紛争になることも懸念される。

　そのため，ライセンシーとしては，第8条第2号・第3号に代えて，以下の条項を提案することが考えられる。なお，以下の条項においては，本件キャラクターが小学生以下の子ども向けのキャラクターであることを想定している。

〈遵守事項を明確化する場合の条項例〉

> ライセンシーは，本件キャラクターを利用して本件ゲームを制作及び配信する上で，次の事項を遵守するものとする。
> (1) 第三者の著作権その他の知的財産権を侵害しないこと
> (2) 通常人の射幸心を著しく煽らないこと
> (3) 賭博行為又は富くじの売買を肯定又は助長するおそれのある行為をしないこと
> (4) 青少年の性的感情を刺激する行為その他の青少年の健全な育成を阻害し，又はそのおそれがある行為をしないこと
> (5) 犯罪行為又は社会的に有害な行為を肯定又は助長するおそれのある行為をしないこと
> (6) 本件ゲームその他の本件キャラクター等が利用された一切の表現媒体に，人又は動物（現実に存在しない動物を含む。）を殺傷又は虐待する場面の描写その他社会通念上他者に著しく嫌悪感を抱かせる描写を含ませないこと

10　監　　修

> 第9条（監修）
> 1　ライセンシーは，本件キャラクター等を制作するにあたり，本件キャラクター等の内容を詳細に記載した仕様書をライセンサーに提出し，ライセンサーの書面による事前の承諾を得るものとする。
> 2　ライセンシーは，ライセンサーに対し，本件キャラクター等のサンプル資料（以下「本件サンプル」という。）をライセンサーが指定する媒体及び方法で納入するものとする。
> 3　ライセンサーは，前項に基づき本件サンプルの納入を受けた場合，本件サンプルを速やかに監修するものとし，納入後〇営業日以内に合格又は不合格を通知するものとする。ただし，不合格の場合は，理由を付して通知するものとする。なお，いずれの通知も文書（FAXを含む。）又は電子メールにて行うものとする。
> 4　ライセンシーは，前項により不合格の通知を受けたときは，不合格理由とされた部分を修正のうえ，再度納入し，合格するまで監修を受けるものとする。
> 5　ライセンシーは，本件広告宣伝物を制作する際にも，本条に従って，ライセンサー

> の監修を受けるものとする。

　条項例第8条において本件キャラクターのイメージを守るための遵守事項を規定した。もっとも，このような条項では，キャラクターのイメージを毀損する特定の類型の行為一般を禁じることは可能であっても，そのキャラクターが持つ微妙な部分のイメージや設定まで守ることは難しい。なぜなら，そのような微妙な部分において遵守しなければならない事項というのは無数にあり，また，そのような微妙な事情は契約書において明確化することになじまないからである。しかし，だからといってそのような微妙な部分についてまでライセンシーの自由に任せてしまうと，これまでのキャラクターの設定等との不一致が生じることで（俗にいう「キャラ崩壊」）ファン離れを引き起こし，ひいてはキャラクターの経済的価値を毀損しかねない。

　したがって，ライセンサーにおいて，キャラクターを利用した成果物がそのような微妙な部分においてこれまで守られてきたキャラクターの設定・イメージに沿っているかどうかを確認・監修する必要があることから，ライセンサーとしては本条を規定する必要がある。

　条項例第9条は，このようなライセンサーによる成果物の監修として一般的な流れを規定するものである。条項例第9条においては，ゲームのように本件キャラクター等を構成する要素が多数あり，契約締結時点においてそのすべての仕様を確定することが難しいために，仕様の確定やその後のサンプル提出を契約書とは別途指定することを想定しているが，仮にキャラクターを利用して制作等する物の仕様を契約締結時点において簡易に確定することが可能であれば，契約書の別紙として仕様書を添付することが考えられる。

　納入したサンプルを監修したライセンサーは，その合否を判定するが，条項例第9条第4項をそのまま規定すると，理論上，ライセンシーは何度でもライセンサーによる不合格に付き合わなければならないことになる。実際には，何度も不合格を出してゲーム化がスケジュールどおりに進まなくなれば，ライセンサーとしても予定していたライセンス料の支払を受けることができなくなる

のであるから，ライセンサーもある程度合理的なレベルで合格を出すことが期待されるが，ライセンシーとしては，不合格が繰り返される事態に備える観点から，第9条第4項のただし書として，以下のように不合格を出すことが可能な上限回数をあらかじめ規定しておくことが考えられる。

〈監修における不合格回数に上限を設ける条項例〉

> ライセンシーは，前項により不合格の通知を受けたときは，不合格理由とされた部分を修正のうえ，再度納入し，合格するまで監修を受けるものとする。但し，ライセンサーが不合格を通知することができる回数は○回までとし，○回目の不合格後の監修においては，ライセンサーは，ライセンシーに対し，合格を通知するものとする。

COLUMN　　キャラクターを尊重することの重要性

　設定等と一致しない形でキャラクターを利用することによるリスクに対しては，慎重な対応が求められる。例えば，漫画家の赤松健氏は，内閣官房次世代知財システム検討委員会（第4回）において，既に「キャラ立ち」（ここでは，当該キャラクターの人格，性格，個性等が確立し，その点に関して当該キャラクターをよく知っている者の間で共通理解が生じている状態をいうものとする）した自己の漫画のキャラクターに，当該キャラクターが通常言いそうにないセリフを付けたところ，当該漫画のファンからのファンレターにおいて「しのぶちゃん（当該キャラクターの呼称）はこんな物言いはしません，先生」との苦情が来た旨述べている（同委員会議事録27頁）。

　キャラクターの生みの親でさえこのようなクレームを受けることがあるのだから，生みの親の手を離れた二次利用先で深刻なキャラ崩壊を起こした場合には，ファンからのクレームが殺到して炎上騒ぎになることも容易に想像がつくし，そのような実際の事例もいくつか想起される。

　また，キャラクターのファンだけでなく，キャラクターの原作者との関係においても，キャラクターを尊重することは極めて重要である。本コラムの執筆者が実際に担当した案件においても，二次利用先においてあるキャラクターにたった一言セリフを付けようとしたところ，原作者から，当該キャラクターはそのようなセリフは絶対に言わないとして物言いが入り，結局双方折り合いがつかず既にプレスリリース済みだった展開がお蔵入りになってしまったケースが存在する。また，お蔵入りにならずとも，最近ではSNSにより原作者個人がファンに対して直接メッセージを届けることが可能になったことから，一度原作者がSNSに「某二次利用先が私のキャラクターを大事にしてくれない」などと書き込もうものなら，当該キャラクターのファンから「総スカン」を食らい，二次利用展開においてキャラクターのファンを取り込むことができなくなってしまいかねない。

　キャラクターの取扱いは，極めて繊細な作業であり，困難を伴うことを認識しながら，ライセンス契約書を作成する必要がある。

11　報告義務

> 第10条（報告義務）
> ライセンシーは，ライセンサーに対し，毎月末日を締切日とし，本件ゲームの当該月に
> おける各プラットフォーム運営会社から受領した売上金額及びライセンサーに支払うべ
> き本件対価を，締切日の属する月の翌々月10日までに，書面により報告するものとする。

　条項例第6条において解説したとおり，ライセンス契約においては，ライセ
ンシーによる著作物利用により得られた売上額に応じてライセンス料を定める
場合がある。対価をそのように定めた場合，ライセンサーとしては，実際の売
上額に応じたライセンス料が支払われているか確認できるようにしておく必要
がある。条項例第10条の報告義務は，第11条の帳簿の閲覧等と併せて，ライセ
ンシーが支払うライセンス料が正確な金額であることを担保するための条項で
ある。

　当然のことながら，ライセンシーに報告させるべき事項は，ライセンス料の
計算上必要なすべての情報とするべきである。例えば，条項例第10条において
は，「本件ゲームの当該月における各プラットフォーム運営会社から受領した
売上金額」および「ライセンサーに支払うべき本件対価」を報告させることと
しているが，「本件ゲームの当該月における各プラットフォーム運営会社から
受領した売上金額」以外に「ライセンサーに支払うべき本件対価」の算定に必
要な情報があれば，本条の報告事項として加筆を要求する必要がある。

　上記の最低限の情報に加えて，ライセンサーとしては，今後のキャラクター
ビジネスの重要な資料となりうる情報があれば，追加で報告を求めることも考
えられる。例えば，性別・男女別売上額などの情報がキャラクタービジネスの
マーケティングの観点から重要なのであれば，それを報告事項として加筆する
こともありうる。どこまでの情報を報告事項とするかは，ライセンシーとの交
渉次第となるため，報告事項として求める情報がなぜライセンサーにとって必

要なのかをライセンシーに説明できるようにしておくことが望ましい。

　また，本契約においては，報告時期を翌々月10日，対価の支払時期を翌々月末日としている。ライセンサーとしては，最低でも，支払われた対価の金額に誤りがないか確認できるようにするために，報告時期を支払時期よりも前に設定するよう要求する必要がある。

　さらに，ライセンサーとしては，報告書の内容に虚偽がないことを担保しておきたいところである。第11条の帳簿の閲覧等もその手段の１つであるが，例えば第10条第２項として，以下の違約金条項の加筆を求めることが考えられる。

〈帳簿に虚偽記載があった場合の違約金を定める条項例〉

> 2　前項の報告書の内容に真実と異なる記載があると判明した場合，ライセンシーは，ライセンサーに対し，虚偽記載があった報告書に係る月の売上金額の○倍に相当する金額又は○円のいずれか高い方の金額を違約金として直ちに支払わなければならない。

12　記録の閲覧等

> 第11条（記録の閲覧等）
> ライセンシーは，本件ゲームの利用者数，各プラットフォーム運営会社から受領した売上金額その他ライセンサーが求める情報について正確な記録を作成するものとし，ライセンサーが必要と認めた場合，ライセンサー又はライセンサーの代理人は，○日前までにライセンシーに対して書面により通知した上で，ライセンシーの通常の営業時間内に当該記録を調査，閲覧及び謄写することができるものとする。

　第11条の帳簿の閲覧等も，第10条の報告義務同様，ライセンス料がキャラクターの利用から生じる売上額等に応じて計算されるよう設定された場合，ライセンサーの側から，ライセンス料の正確性を担保するために必要な条項として定めておく必要がある。

　条項例第11条では，帳簿の閲覧等が可能な場合を，単に「ライセンサーが必

要と認めた場合」とのみ規定している。このような条項だと，事実上，ライセンサーの自由に閲覧等が可能となりかねないため，ライセンサーとしては，例えば，本契約第11条を以下のとおり修正要求することが考えられる。

〈帳簿の閲覧等が可能な場合を制限する条項例〉

> ライセンシーは，本件ゲームの利用者数，各キャリアから受領した売上金額その他ライセンサーが求める情報について正確な記録を作成するものとする。前条の報告書に真実とは異なる記載がされていることを疎明した場合又は前条の報告書が期限までに提出されない場合，ライセンサー又はライセンサーの代理人は，〇日前までにライセンシーに対して書面により通知した上で，ライセンシーの通常の営業時間内に当該記録を調査，閲覧及び謄写することができるものとする。

　また，調査の結果，第10条の報告書に虚偽記載があることが判明することもありうる。その場合，ライセンサーとしては，調査に要した金額をライセンシーに負担させることも一案として考えられる。具体的には，以下の条項を第11条第2項および第3項として加筆することが考えられる。

〈帳簿の閲覧等の結果，報告書に虚偽記載がみつかった場合の調査費用の負担を定める条項例〉

> 2　前項の記録の調査，閲覧又は謄写の結果，前条の報告書の内容に真実と異なる記載があると判明した場合，ライセンシーは，ライセンサーが当該調査等のために要した費用（弁護士，公認会計士，税理士等の外部専門家の費用を含む。）を負担する。
> 3　前項の費用負担に係る請求は，前条第2項の違約金の請求を妨げず，かつ，違約金に係る請求とは別個になし得るものとする。

13　著作権表示

第12条（著作権表示）

> ライセンシーは，本件キャラクターを本件ゲーム又は広告宣伝及び販売促進物に利用する場合には，ライセンサーが別途指定する位置に，次の著作権表示をするものとする。
>
> © （20XX） ○○
>
> ただし，画面の表示領域に制約がある場合は，次の著作権表示でも可能とする。
>
> © （20XX） ○○

　©表示は，一般に「マルシー表示」などと呼称される，著作権の所在を明示する記号である。"C"は"Copyright"の頭文字に由来するものである。

　©表示の法的な意義は，日本では存在しない。もっとも，アメリカなどの万国著作権条約[53]の加盟国において，一定の保護を受けられる場合があるが，日本におけるライセンス契約実務において，第12条のような著作権表示の条項を記載したり，実際に商品等に著作権表示がなされているのは，そのような万国著作権条約加盟国における保護を受けるという意味からは少し離れたところにあるように思われる。

　なお，著作者には，氏名表示権が認められていることから，氏名表示権との関係上，著作者が望む限り著作者の氏名を表示しなければならず，©表示は，著作者の氏名の表示ではなく，著作権の所在を表示するものであることからすると，氏名表示権の具体化とも解されない。

　おそらく，（理由になっていないが，）単に長年の慣例上，©表示を付されているということが主たる理由ではないだろうか。さらに言えば，©表示を付すことで，当該著作物のライセンスの交渉窓口の明確化，著作権侵害行為に対する事実上のけん制くらいの役割を担っているとみるべきだろう。

　したがって，ライセンス契約書に，著作権者の表示義務を課す条項が散見されるが，法的な意味というよりは，主に慣例上，記載されている条項と思われ

53　無方式主義を採用するベルヌ条約とは異なり，万国著作権条約は方式主義を採用する。方式主義とは，著作権の享有および行使の条件として官庁への登録等の一定の方式を履行することを求めることをいう。これに対し，日本では，著作権の享有および行使の条件に何らの方式も必要としない，すなわち，創作と同時に著作権が創作者に発生・帰属して行使可能となる無方式主義を採用している。もともとはアメリカを中心に万国著作権条約が存在したが，アメリカもベルヌ条約に加盟した現在では，万国著作権条約の存在意義は乏しくなっている。

る。

　著作権表示においては，日本語標記の他，英語表記なども定めておく場合も
あり，著作物の利用態様によって表示の内容を協議しておく必要がある。

14　権利侵害

第13条（権利侵害）
1　ライセンサー及びライセンシーは，共同して本件ゲーム及び本件キャラクター等に
　対する第三者による著作権等の侵害防止に努めるものとする。
2　ライセンサー及びライセンシーは，第三者が本件ゲーム又は本件キャラクター等の
　権利を侵害した事実を知った場合，直ちに相手方に対してこれを通知し，善後策につ
　いて協議する。

　第三者によるキャラクターの権利の侵害については，ライセンサーとライセン
シーの利害が一致することから，かかる侵害に対しては，ライセンサーとラ
イセンシーが共同して対処することを定めている。もっとも，具体的にどのよ
うな対応が必要になるのかについては，具体的な侵害行為が発生してからでな
いと判断することが難しく，また，基本的な利害が一致している以上，契約書
において詳細まで詰めておく必要性が一概に高いとはいえないため，条項例第
13条第1項は努力義務規定に，同条第2項も単なる協議義務に留めている。

　反対に，契約書において定めておく必要性が高いといえるのは，ライセン
サーによる差止請求権の行使についてである。ライセンサーが原著作物の権利
者，ライセンシーが原著作物の利用権の許諾を受けて二次的著作物を創作した
という場合において，第三者が二次的著作物の著作権侵害は構成しないものの，
原著作物の著作権侵害に当たる行為をしたとき，ライセンシーが第三者に対し
て差止請求をなしうるかどうかについては，非独占的ライセンスの場合には認
められないとの見解が一般的であり，また，独占的ライセンスであったとして
も，どのような要件の下で自己固有の差止請求権を行使し，またはライセン

サーの差止請求権を代位行使可能なのかについては争いがある。

　　したがって，かかる場合には，ライセンサー自らが差止請求権を行使することが望ましいが，様々な理由から，必ずしもライセンサーが差止請求権の行使に積極的でない場合が少なくない。そのような場合に備えて，ライセンシーとしては，いざ第三者による権利侵害があった場合において，ライセンサーに対し，第三者に対する差止請求を行うことを義務付けることが考えられる。具体的な条項は，以下のとおりである。

〈ライセンサーに対し，第三者に対する差止請求を行うことを義務付ける条項例〉

> 　3　第三者により本件キャラクター等の著作権その他の権利が侵害された場合において，ライセンシーがライセンサーに対して書面で要請したときは，ライセンサーは，当該第三者に対し，侵害行為の差止めを請求（訴訟を提起した上での訴訟上の差止請求を含む。）しなければならない。
> 　4　前項の請求に係る費用は，ライセンサー及びライセンシーが協議して別途定めるものとする。

15　保　　証

> 第14条（保証）
> 1　ライセンサーは，ライセンシーに対し，次に掲げる事項を保証する。
> 　(1)　本契約を締結する適法かつ正当な権限を有すること
> 　(2)　ライセンシーに対して提供する本件素材が第三者の著作権を含む知的財産権及びその他一切の権利を侵害して創作されたものでないこと
> 　(3)　ライセンシーによる本件ゲームの制作及び配信は，本件キャラクターに関して，第三者の知的財産権，肖像権，プライバシー権，パブリシティ権その他の一切の権利を侵害するものではなく，かつ，第三者への対価の支払（名目の如何を問わない。）や第三者からの許諾の取得等を必要としないこと

⑷　本件キャラクターに関する著作権その他の一切の知的財産権について，担保権及び利用権は設定されていないこと
2　ライセンサーは，前項の違反により，ライセンサー又はライセンシーと第三者との間で本件キャラクターに関する知的財産権の侵害を理由とする紛争が生じた場合，自己の費用と責任で，自らこれを解決し，又はライセンシーがこれを解決することに協力し，ライセンシーに一切の迷惑をかけないものとする。
3　前項の紛争によりライセンシーに損害が生じた場合，ライセンサーは，ライセンシーに対し，その損害を賠償しなければならない。

　ライセンシーは，ライセンサーが権利を有するキャラクター等を利用するため，例えば，仮に当該キャラクターが第三者の著作権等の権利を侵害して創作されたものである場合，ライセンシーによるキャラクター等の利用も当該第三者の権利を侵害することとなる可能性が高く，その場合，第三者から，本件ゲームの制作および配信の差止請求や損害賠償請求を受ける可能性がある。

　したがって，ライセンシーとしては，ライセンサーから許諾を受ける著作物の利用によって第三者から何らかの請求を受けることがないようにしておく必要がある。保証条項は，そのための１つの手段である。ライセンサーに対し，条項例第14条第１項各号の規定を保証させることにより，ライセンサーによるキャラクター等の権利処理を担保する。また，万が一第三者から何らかの請求を受けた場合に，その対応をライセンサーに負わせるとともに（同条第２項），仮にライセンシーが損害を被った場合にはライセンサーに賠償させることとしている（同条第３項）。

　なお，保証条項にはバリエーションが他に多数ある。例えば，ライセンサーによるライセンスが第三者からのライセンスに基づくサブライセンスだった場合において，元のライセンス契約上サブライセンスが認められていなかったというとき，本契約の締結はすなわちその許諾されていないサブライセンスに当たることから，第三者との（元）ライセンス契約に違反することになり，当該ライセンス契約が解除されることになる。その場合，ライセンサーがライセンシーに対して本件キャラクターの利用を許諾する権限が失われることとなるか

ら，ライセンシーは，元となるライセンスをした当該第三者に対してサブライ
センスを対抗することができず，本件ゲームの制作および配信が当該第三者か
ら差し止められる可能性が高い。そのような場合に備えるものとして，例えば，
以下の条項を保証条項に加えることが考えられる。

〈保証条項例①〉

> ライセンサーによる本契約の締結は，ライセンサーと第三者との間の一切の契約に違反
> せず，また，そのおそれもないこと

　また，ライセンサーとは別人が著作者人格権を有している場合，当該著作者
人格権に基づいて本件ゲームの制作および配信が差し止められないよう，以下
の保証条項を加筆することが考えられる。

〈保証条項例②〉

> 原著作物の著作者は，ライセンシー及びライセンシーの指定する第三者に対して一切の
> 著作者人格権を行使しないことに同意しており，また，行使するおそれもないこと

　また，潜在的に紛争性のあるキャラクター（例えば，既にファンの間で「○
○（他の有名な著作物）に似てる」と話題になっているキャラクター等）だと，
権利処理が適正に行われていたとしても，第三者からの訴訟提起等によってこ
れに対応するコストを支出することを余儀なくされる可能性がある。そのため，
そのようなおそれがないことを保証させる条項として，以下の条項を加筆する
ことも考えられる。

〈保証条項例③〉

> ライセンサーは，本件キャラクターに関して，第三者の権利を侵害しておらず，過去に
> 侵害した事実もなく，また，侵害しているとの主張を第三者から受けたこともない。

　他方で，ライセンサーとしては，第三者に本件キャラクターの利用権を一部設定していることもある。その場合，本契約第14条第1項第4号の保証に違反しないかどうかを確認する必要があり，仮に違反するおそれがある場合には，ただし書等を加筆することにより，第三者に対して既にした，またはこれからする予定のあるライセンスが本条に違反しないように手当てする必要がある。

COLUMN　　　　　「制作」と「製作」の違い

　一般的には，「制作」は芸術的な作品を作ること，「製作」は実用的な物を作ることというように使い分けられているが，コンテンツ業界においては異なる使い分けがなされている。経済産業省編「コンテンツ展開の契約に関する報告書」（平成23年度知的財産権ワーキング・グループ等侵害対策強化事業（コンテンツ分野））13頁では，次のように説明されている。「"製作"とは企画開発の段階から，資金を集めて作品を作り，それを商品に変え，様々なビジネスを通じて利益を上げていく，その全過程を指すもの」であり，「製作費を集めた後にやるのが"制作"のプロセスである」と説明する。要は，コンテンツ展開を含めたプロジェクト全体が「製作」であり，そのプロジェクトにおいて発生する個別のプロセスが「制作」であると理解しておけば足りるであろう。

　著作物の利用に関するライセンス契約においても，基本的にはこのような使い分けがなされていると考えてよい。このような整理に従い，本契約においても，ライセンシーがライセンサーから許諾を受けて行う行為を本件ゲームの「制作」と定めている。

　なお，著作権法上，著作権の帰属主体は，一部の例外を除いて著作者（2条1項2号），すなわち事実行為としての著作物の創作をした者であるから（17条1項），上記の区別に従えば，多くの場合，著作権は原則として「制作」をした者に帰属することになる。しかし，実際には，コンテンツの著作権は，当該コンテンツを創作するための資金を拠出した者，すなわち「製作」者に帰属するよう契約上の手当てがなされることが多い。

16　本契約の有効期間

> 第15条（本契約の有効期間）
> 1　本契約の有効期間は，本契約締結日から○年○月○日までとする。
> 2　前項にかかわらず，第3条，第5条第3項，第6条第3項，第7条第3項，第11条，本条第2項，第17条，第20条及び第22条第4項から第24条は，本契約の終了後も有効に存続するものとする。

　契約の有効期間に関しては，基本的には特許実施許諾契約と同様であるから，75頁も参照されたい。

　なお，著作権の保護期間は，原則として，著作者の死後70年を経過するまでであるが（著作権法51条2項），実務においては，当該保護期間満了まで契約が存続すると定める例がある。その場合，著作権の保護期間が遡及的に延長された例があることを踏まえると，現在の保護期間を前提に具体的な満了日を計算して「○年○月○日まで」と定めるのではなく，端的に，「本件キャラクター，本件キャラクター等及び本件素材に関する著作権の保護期間が満了する日まで」と定めたほうがよいと考える。

　なお，本件ゲームにおける本件キャラクターの人気によっては，当初予定していた期間を超えて本件キャラクターを本件ゲームに登場させることも当然ありうる。そのため，かかる延長を容易にする観点から，本条に以下のような自動更新条項を加筆することも考えられる。

〈自動更新条項を定める条項例〉

> 3　第1項の規定にかかわらず，有効期間満了日の○か月前までにいずれの当事者からも本契約を変更又は終了させる旨の書面による申入れがなかった場合，本契約は，同一条件でさらに○年間更新されるものとし，その後も同様とする。

17　本契約の解除

第16条（本契約の解除）

1　ライセンサー又はライセンシーが次の各号のいずれかに該当した場合は，当該ライセンサー又はライセンシーの一切の債務は当然に期限の利益を失い，相手方は直ちに債務の全額を請求できるものとし，かつ相手方は，何らの催告なく直ちに本契約の全部又は一部を解除することができる。

(1)　本契約に違反し，催告後○日以内に当該違反が是正されないとき

(2)　監督官庁により営業許可の取消し又は営業停止処分を受けたとき

(3)　支払停止若しくは支払不能の状態に陥ったとき，又は，自ら振り出し若しくは引き受けた手形若しくは小切手が不渡り処分を受けたとき

(4)　差押え，仮差押え，仮処分，競売，強制執行又は租税滞納処分を受けたとき

(5)　破産手続開始，民事再生手続開始，会社再生手続開始，特別清算開始又はこれらに類似する倒産手続開始の申立てがあったとき又は自ら申し立てたとき

(6)　解散，会社分割，事業譲渡又は合併の決議をしたとき

(7)　災害，労働紛争その他により，その資産又は信用状態に重大な変化が生じ，本契約に基づく債務の履行が困難になるおそれがあると客観的に認められる相当の理由があるとき

(8)　その他前各号に準じる事由があるとき

2　ライセンサー及びライセンシーは，前項各号に定める事由が生じた場合は，直ちに相手方に通知する。

　解除条項については，基本的には特許実施許諾契約と同様であるため，特許実施許諾契約の解説（75頁）を参照されたい。

　なお，特許実施許諾契約とは異なり，本契約においては，ライセンサーとライセンシーのいずれもが本条に基づく解除をすることができるように定めている。

18　損害賠償責任

第17条（損害賠償責任）
1　ライセンシーは，本件ゲームの制作，配信その他本契約の履行に関連してライセンシー又はライセンシーの従業員の故意又は過失によりライセンサーに損害を与えた場合，ライセンサーがこれによって被った損害を直ちに賠償しなければならない。
2　前項の規定は，ライセンシーが本件素材を滅失又は毀損した場合における，当該本件素材に係る損害には適用しない。

　損害賠償条項については，基本的には商標使用許諾契約と同様であるため，商標使用許諾契約の解説（109頁）を参照されたい。

19　不可抗力

第18条（不可抗力）
1　ライセンサー及びライセンシーは，本契約に基づく自己の義務の違反又は不履行（金銭債務の不履行を除く。）が，地震，台風等の天災，戦争，内乱，感染症その他の自己がその義務の履行のために適切に制御できない事象により生じた場合，相手方に対し，当該事象に起因して発生した相手方の損害を賠償する責任を負わないものとする。
2　前項の事象が発生した場合において，当該事象により本契約の目的を達することが困難となり，又は困難となることが明らかな場合には，ライセンサー及びライセンシーは，相手方に書面により通知して本契約の全部又は一部を解除することができる。

　不可抗力とは，天災地変や戦争等のように契約当事者のコントロールを超えた事象や，いずれの当事者の責めにも帰すことのできない自然現象や人為的現象をいう。近時，新型コロナウイルスの感染拡大を受け，世界中に広がる感染症が不可抗力事由に該当するか否かが多くの場面で問題となっている。条項例

のように，感染症が明記されていれば新型コロナウイルスの影響による義務違反や不履行は不可抗力と認められる（ただし，真に同ウイルスの影響「による」といえるかは慎重な検討を要する）。他方，感染症が明記されていない契約書であっても，「その他の自己がその義務の履行のために適切に制御できない事象」に含まれると解釈し得る。もっとも，現時点においては感染症による影響は十分に予見し得ることから，端的に「感染症」も明記しておくのが無難であると考える。上記条項よりも広く不可抗力を規定するとすれば，以下のような事由を列挙することが考えられる。

〈広く不可抗力を規定する条項例〉

> 1　ライセンサー及びライセンシーは，本契約に基づく自己の義務の違反又は不履行（金銭債務の不履行を除く。）が，天災地変，戦争，内乱，感染症，ストライキ，事務所・工場の火災，経済情勢の著しい変動，電力供給の逼迫，通信回線の事故，法令の改廃・制定その他の自己がその義務の履行のために適切に制御できない事象により生じた場合，相手方に対し，当該事象に起因して発生した相手方の損害を賠償する責任を負わないものとする。

　金銭債務の不履行を除いているのは，民法419条3項において，金銭債務の不履行に不可抗力免責が適用されないことが定められていることから，かかる規定内容を確認する趣旨である。

　本条に規定したからといって，必ずしも当該事由が不可抗力事由に当たるとは限らない。例えば，ストライキなどの労働争議は，契約当事者にもその責任の一端があることもありえ，コントロールできる範囲内だといえる場合も多いと思われる。また，不可抗力事由の典型例とされる地震などの自然災害であっても，権利などにそもそも契約不適合事由が存在している場合には，すべて不可抗力が適用されて免責となるわけではない。

　不可抗力事由に該当すれば，債務者は責任を免れ，債権者は不可抗力事由が継続している間はその履行を待つことになる。それでは，実務上支障があるため，第2項のように一定期間継続する場合には契約を解除できる規定を入れる

こともある。

20　救済方法の限定

第19条（救済方法の限定）
ライセンサーは，本契約が有効に存続する限り，本契約に関する一切の紛争について，法的救済を受けうる地位にあったとしても，その救済は損害の金銭的な賠償によってのみ補填されることをここに承諾し，いかなる場合であっても，ライセンシーに対し，本件キャラクターの利用の差止めを求めることはできないものとする。

　ライセンシーにとって最も避けなければならないことは，本件ゲームの制作および配信を差し止められることである。差し止められた場合，一切の収益を上げることができず，投資がすべて無駄になってしまうからである。

　そこで，少なくとも本契約で法的に拘束することが可能なライセンサーに対し，差止請求権の行使を放棄させることが考えられる。

　ただし，本条項は，ライセンサーの権利に対する重大な制約になることから，ライセンシーとライセンサーとの間の力関係やその他の条項の内容によっては，本条項を規定することが独占禁止法２条９項５号の優越的地位の濫用と判断されて課徴金の納付を命ぜられる可能性があることに留意する必要がある。また，契約締結過程等の事情や，本契約のその他の条件に鑑みてライセンシーがあまりに有利な契約になっている場合には，そもそも本条項が公序良俗違反により無効と解される可能性が否定できないと考えられることにも留意が必要である。

21　秘密保持

第20条（秘密保持）
ライセンサー及びライセンシーは，本契約に関連して知得した相手方の営業上，技術上の情報（以下「本秘密情報」という。）を秘密に保持し，事前に書面による相手方の承諾なしに第三者に開示・漏えいしてはならない。

　秘密保持条項については，基本的には特許実施許諾契約と同様であるため，特許実施許諾契約の解説（73頁）を参照されたい。なお，73頁に記載した別の条項例を本契約に適合するように修正すると，以下のとおりとなる。

〈詳細に記載した秘密保持条項例〉

1　ライセンサー及びライセンシーは，本契約に関連して相手方から開示された一切の情報のうち，①開示時に当該情報が記載された書面又は電磁的記録において秘密である旨の表示が付された情報，②口頭又は視覚的方法により開示された情報のうち，開示後〇日以内に書面又は電磁的記録により秘密の範囲が明示された情報及び③個人情報（以下，総称して「本秘密情報」という。）については，相手方の事前の書面による承諾がない限り，第三者に開示若しくは漏えいし，又は本契約の履行若しくは本発明の実施以外の目的に使用してはならない（以下，開示した当事者を「開示当事者」といい，開示を受けた当事者を「受領当事者」という。）。但し，次の各号のいずれかに該当する情報は，本秘密情報に含まれないものとする。
　(1)　開示当事者から開示された時点で既に公知となっていた情報又は開示された後に受領当事者の責によらずして公知となった情報
　(2)　開示当事者が開示を行った時点で既に受領当事者が保有していた情報
　(3)　受領当事者が第三者から機密保持義務を負うことなく適法に取得した情報
　(4)　開示当事者から開示された後に，開示された情報によらずに独自に開発された情報
2　前項にかかわらず，受領当事者は，法令，金融商品取引所規則又は行政機関若しくは裁判所の命令等によって開示を義務付けられた本秘密情報については，これを開示することができる。この場合，受領当事者は，直ちに開示当事者に対してその旨を通知するものとする。

3　第1項にかかわらず，受領当事者は，自己（ライセンシーにおいては再委託先を含む。）の役員，従業員又は弁護士，公認会計士若しくは税理士その他の法令上の守秘義務を負う専門家に対して本秘密情報を開示することができる。この場合，受領当事者は，これらの者（法令上の守秘義務を負う者を除く。）をして，本条に定める義務と同等の義務を遵守させるものとし，これらの者が当該義務に違反したときは，当該義務違反は受領当事者の違反とみなして，その一切の責任を負うものとする。

4　受領当事者は，本秘密情報が記載された書面又は電磁的記録に関し，施錠可能な場所への保管又はアクセス制限その他秘密情報の機密性を保持するために合理的な措置を講じるものとする。

5　受領当事者は，本秘密情報の漏えいが生じた場合には，直ちに開示当事者にその旨を通知した上で，開示当事者の指示に従い，合理的な範囲内において，直ちに必要な調査，拡大防止措置及び再発防止措置を講じるものとする。

6　受領当事者は，本契約が終了した場合は，開示当事者の指示に従い，速やかに本秘密情報が記載された有体物を返還又は破棄するものとする。

22　権利義務の譲渡禁止

第21条（権利義務の譲渡禁止）
ライセンサー及びライセンシーは，相手方の事前の書面による承諾がない限り，本契約上の地位又はこれに基づく権利若しくは義務を第三者に譲渡し，担保に供し，又はその他の処分をしてはならない。

　権利義務の譲渡禁止条項については，基本的には商標使用許諾契約と同様であるため，商標使用許諾契約の解説（115頁）を参照されたい。

23 反社会的勢力の排除

第22条（反社会的勢力の排除）

1 ライセンサー及びライセンシーは，相手方に対し，本契約締結日において，暴力団，暴力団員，暴力団員でなくなった時から5年を経過しない者，暴力団準構成員，暴力団関係企業，総会屋等，社会運動等標ぼうゴロ又は特殊知能暴力集団等その他これらに準ずる者（以下，総称して「暴力団員等」という。）に該当しないこと及び次の各号のいずれにも該当しないことを表明し，かつ将来にわたって該当しないことを確約する。

(1) 暴力団員等が経営を支配していると認められる関係を有すること

(2) 暴力団員等が経営に実質的に関与していると認められる関係を有すること

(3) 不当に暴力団員等を利用していると認められる関係を有すること

(4) 暴力団員等に対して資金等を提供し，又は便宜を供与するなどの関与をしていると認められる関係を有すること

(5) 自己の役員又は経営に実質的に関与している者が暴力団員等と社会的に非難されるべき関係を有すること

2 ライセンサー及びライセンシーは，相手方に対し，自ら又は第三者を利用して次の各号のいずれかに該当する行為を行わないことを確約する。

(1) 暴力的な要求行為

(2) 法的な責任を超えた不当な要求行為

(3) 本業務に関して，脅迫的な言動をし，又は暴力を用いる行為

(4) 風説を流布し，偽計を用い又は威力を用いて相手方の信用を毀損し，又は相手方の業務を妨害する行為

(5) その他前各号に準ずる行為

3 ライセンサー及びライセンシーは，前2項に違反する事項が判明した場合には，直ちに相手方に対して書面で通知するものとする。

4 ライセンサー及びライセンシーは，相手方が前3項に違反した場合には，直ちに本契約又は個別契約の全部又は一部を解除し，かつ，これにより自己に生じた損害の賠償を請求することができる。この場合，相手方は，当該解除により自己に生じた損害の賠償を請求することはできないものとする。

暴排条項については，基本的には商標使用許諾契約と同様であるため，商標

使用許諾契約の解説（116頁）を参照されたい。

24　協　議　等

第23条（協議等）
本契約に取り決めていない事項について問題が発生した場合，又は本契約の各条項の解釈に疑義が生じた場合には，ライセンサー及びライセンシー双方が誠意を持って協議し，解決に努める。

　協議条項については，基本的には特許実施許諾契約と同様であるため，特許実施許諾契約の解説（78頁）を参照されたい。

25　紛争解決

第24条（紛争解決）
1　本契約は，日本法に準拠し，日本法に基づき解釈及び適用されるものとする。
2　本契約に関して紛争が生じたときは，東京地方裁判所を第一審の専属的合意管轄裁判所とする。

　第1項の準拠法とは，裁判等において契約の内容を法的に解釈する際，どの国の法律に基づいて契約を解釈するかについての定めである。準拠法は，原則として国際私法上の定めによって決定されるが，当事者の合意によって定めることも可能である。
　日本国内の当事者同士が契約を解釈する際は，準拠法は日本法ということになる場合がほとんどであり，準拠法の定めは規定されていなくとも特段差し支えはない。多くの場合に問題となるのは，国際当事者間で契約を締結する場合

である。当事者は，自国の法律しか知らない場合が多く，相手方の国の法律や
管轄が適用されることには強い不安を覚えることが多いため，しばしば両当事
者が主張を譲らないことも多い。

　第2項の専属的合意管轄条項については，基本的には特許実施許諾契約と同
様であるため，特許実施許諾契約の解説（78頁）を参照されたい。

第 **8** 章

データ提供利用許諾契約書の解説

　本章では，ライセンサーを写真の画像データを保有している企業，ライセンシーをAI開発企業とし，ライセンシーがライセンサーから利用を許諾されたデータの提供を受け，当該データをAI開発に利用する場面を想定して，データの利用許諾契約を解説することとする。

　これまでに，特許権，商標権および著作権のライセンス契約について解説してきた。これらのライセンス契約が必要になるのは，特許権，商標権，著作権等の知的財産権が，排他権としての性質を有するためである。排他権とは，平たく言えば，当該権利を保有している者が，自己以外の者に対し，当該権利の利用を禁止することができる権利をいう。そのため，ある知的財産権を有していない者が当該権利を利用しようとする場合，権利者から当該利用を禁止されないよう，あらかじめ当該利用の許諾を受ける（ライセンス契約を締結する）必要がある。

　他方で，データ一般について発生する排他権は存在しない。そのため，データによっては，あえてデータの保有者から利用許諾を受ける必要がない場合もある。他方で，データの中には，個人情報保護法や不正競争防止法上，特定の者以外による利用や特定の手続を経ない利用等が法律上禁止されたもの（個人情報保護法においては，個人情報，個人データ，保有個人データ等，不正競争防止法においては，営業秘密，限定提供データ等）や，データについての知的

167

財産が存在するために知的財産権の権利者から許諾を受けなければ利用することができないもの，さらには，特定の者との間の契約によりデータの利用許諾を受けなければ利用が禁じられたものなど，様々な法的理由によりデータの提供利用許諾契約が必要になる場面が想定される。また，法的な問題ではなく，当該データにアクセスすることが物理的に困難なため，これにアクセスすることができる者から当該データの提供を受ける目的でライセンス契約を締結するという場面も想定される。

したがって，データのライセンス契約を締結するにあたっては，そのライセンス契約が必要となる根拠を整理し，それに見合ったライセンス契約を適切な当事者との間で締結する必要がある。

なお，秘密保持，解除，損害賠償等を定めた条項例第10条以下の一般条項については，第7章までで解説されているため，本章では，データ利用許諾契約に特有の条項例第9条までをそれぞれ解説することとする。

1　前　　文

（前文）
株式会社〇〇（以下「甲」という。）と株式会社〇〇（以下「乙」という。）は，甲が有するデータの提供とその利用許諾について，以下のとおり契約（以下「本契約」という。）を締結する。

前文においては，契約当事者が明示され，当該契約当事者が第1条以下に規定されている契約条件について合意することが規定されている。前文の意義や機能については，特許実施許諾契約書と同様であるため，詳細は44頁を参照されたい。

2　目　　的

> 第1条（目的）
> 本契約は，乙が写真の自動改変エンジンの開発を行うに当たり，甲から当該開発に必要な写真のデータの提供及び利用許諾を受けることを目的とする。

　目的条項は，当該契約を締結する目的や背景が明示される規定であり，その他の条項の解釈にあたっての指針となることがある。目的条項の意義や機能については，著作物利用許諾契約書と同様であるため，詳細は122頁を参照されたい。

3　データの提供

> 第2条（データの提供）
> 甲は，乙に対し，別紙第1項記載のデータ（以下「甲提供データ」という。）を，本契約（別紙を含む。）に定める条件に従い提供する。
>
> 別紙
> 1　甲提供データ
> (1)　甲が乙に提供する甲提供データは，下記の写真の画像データとする。
>
> 記
>
> 　　写真タイトル：甲が管理するすべての写真
> 　　データの数量：毎月○点の甲提供データを提供する。
> 　　ファイル形式：甲及び乙が別途合意して定める形式
>
> 以　上
>
> (2)　提供方法
> 　　甲は，自身が管理するクラウドサーバーに甲提供データを保存するとともに，乙

> に対し，当該クラウドサーバーへのアクセスを可能にする措置を講ずる。乙は，
> 当該クラウドサーバーに自らアクセスし，保存された甲提供データを取得する。
> 但し，乙は，甲が別途書面により指定した方法により取得することもできる。

(1)　データのライセンス契約の種類

　データのライセンス契約には，主として，データ提供型，データ創出型および
びデータ共用型のライセンス契約がある。

　データ提供型のライセンス契約とは，データの権利者兼保有者である契約当
事者の一方が他方に対してデータをアクセス可能な状態に供し，併せて当該
データの利用を許諾する契約である。

　データ創出型のライセンス契約とは，複数当事者が，それによって何らかの
データが創出される行為を共同して行う場合において，当該創出されたデータ
の取扱いや権限等について定める契約である。

　データ共用型のライセンス契約とは，複数当事者がデータをプールし，プー
ルされたデータをそのまま，あるいは加工・分析等して利用する場面において，
当該利用についての条件等について定める契約である。

　本章では，最も使用頻度の高いデータのライセンス契約として，データ提供
型のライセンス契約を取り上げている。データ提供型のライセンス契約におい
ては，ライセンサーのみが当該データにアクセスすることが可能な環境にある
ことが多いため，ライセンシーにデータを利用させる前提として，本条のよう
なライセンシーに対してデータを提供する条項が必要となる。

(2)　データの提供条項において定めるべき内容

　データ提供の条項として最低限定めるべきは，提供するデータの特定と提供
方法である。条項例では，別紙第1項第1号において提供するデータを特定し，
同項第2号において提供方法を定めている。

　提供するデータの特定方法は様々なものが考えられるため，ライセンシーと
しては，当該データを利用する目的に照らし，必要な条件を盛り込む必要があ

る。例えば，条項例が想定しているのは，写真の自動改変エンジンを開発するために必要なデータの提供を受ける場面であるところ，当該開発において利用可能なファイル形式を選択し，かつ，当該開発に耐えうるだけの数量を確保する必要があると考えられる。

　また，データの提供方法には，データを記録した記録媒体の物理的な引渡しなども考えられるところであるが，条項例では，データをクラウドに保存するとともに，ライセンシーに対して当該クラウドへのアクセス権を付与する方法によって提供することとしている。データは無体物であって物理的な引渡しを必ずしも必要とするものではないから，このような提供方法も検討に値する。

　ただし，クラウドへのアクセス権を付与する場合，第三者に当該アクセスの方法が漏えいすることを防ぐ必要がある。データのセキュリティに関しては，条項例第6条において既に手当てがなされているが，ライセンサーとしては，重ねて以下の条項の追加を求めることも考えられる。

〈ライセンシーに対して，クラウドサーバーへのアクセス方法の管理を徹底させるための条項例〉

別紙
1　甲提供データ
　(1)　（省略）
　(2)　提供方法
　　　甲は，自身が管理するクラウドサーバーに甲提供データを保存するとともに，乙に対し，当該クラウドサーバーへのアクセスを可能にするためのID及びパスワードを通知する。乙は，当該クラウドサーバーに自らアクセスし，保存された甲提供データを取得する。但し，乙は，甲が別途書面により指定した方法により取得することもできる。
　(3)　ID及びパスワードの管理
　　　乙は，前号に基づき通知されたID及びパスワードを厳重に管理するとともに，第三者に開示又は漏えいしないものとし，これらが第三者に開示又は漏えいされたことによって甲が被った損害の一切を賠償する。甲は，当該ID又はパスワードの開示又は漏えいによって乙が被った一切の損害について責任を負わない。

4　利用許諾および条件

第3条（利用許諾及び条件）

1　甲は，乙に対し，本契約に定める条件に従い，本契約の有効期間中，別紙第2項記載の利用目的（以下「本利用目的」という。）の範囲内において，甲提供データの非独占的，譲渡不能，かつ，担保提供不能な利用を許諾する。

2　乙は，甲乙間で別段の書面による合意がない限り，乙が甲提供データを利用，変換又は加工して得た成果物及び複製物（以下，甲提供データと併せて「甲提供データ等」と総称する。）についても，甲提供データと同様の条件で利用することができるものとし，かつ，甲提供データに適用される本契約の条件が同様に適用されるものとして管理しなければならない。

3　乙は，乙の役員及び従業員並びに乙が書面により特定し，かつ，甲が書面により事前に承認した者（以下「使用者」と総称する。）にのみ，本利用目的の達成に必要かつ相当な範囲で，甲提供データ等を利用させることができる。

4　乙は，使用者（但し，乙の役員及び従業員を除く。以下，本項において同じ。）に甲提供データ等を利用させる場合，使用者との間で，本契約において自らが甲に対して負う秘密保持義務，甲提供データ等の保管義務その他の甲提供データ等の取扱いに関する義務を負わせる契約を書面により締結しなければならない。

5　乙は，甲に対し，乙及び使用者による甲提供データ等の利用により生ずる一切の不都合，問題，第三者からの苦情，請求その他法的措置について，自らの行為に起因するものか否かは問わず，自己の費用と責任において適切に解決するものとし，甲は一切の責任を負わない。乙又は使用者による甲提供データ等の利用に関連して甲が費用，賠償金等を支払った場合，乙は，甲の請求に従い，当該費用及び賠償金等を補償する。

6　乙は，甲による事前の書面による承諾がある場合を除き，本利用目的以外の目的（別紙第3項記載の目的を含むが，これに限られない。）で甲提供データを利用してはならず，第三者に開示，提供又は漏えいしてはならない。

別紙

2　本利用目的

(1)　乙がAIを利用した写真の自動改変エンジンの開発を行うための学習用データセットの元となる生データとしての利用

(2)　前項の開発における自動改変エンジンの画像認識及び自動改変の精度を検証するための正解データとしての利用

> 3　本利用目的に含まれない利用の例
> 　(1)　第三者への販売，利用許諾，開示，提供
> 　(2)　第三者に提供する商品，成果物又は役務に甲提供データの全部又は一部を組み合わせ，又は組み込むこと

(1)　許諾の種類（第１項）

　第２条に基づきライセンシーはデータへのアクセスが可能になるが，データの提供は，提供したデータの利用の許諾を意味するものではないことから，ライセンシーが提供されたデータを利用するためには，データを提供する条項とは別個に，データの利用を許諾する条項を規定する必要がある。

　本条第１項は，ライセンシーによるデータの利用に必要な利用許諾を定めた条項である。利用許諾には，独占的／非独占的，譲渡可能／譲渡不能，担保提供可能／担保提供不能などの条件を付すことが可能であるから，契約の締結にあたっては，これらの点について相手方と合意の上で，利用許諾条項に当該合意の内容を反映することが望ましい。特に，独占的／非独占的の区別は，条文上明らかにしておく必要性が高い。

　条項例におけるデータは，写真の画像データであるから，１つひとつに著作権が発生している可能性が非常に高く，これについて利用許諾を受けなければならないのは理解しやすいが，仮に個々のデータが著作物でなくとも，その集合体がコンピューターを用いて検索することができるように体系的に構成されている場合には，データベースの著作物として認められる可能性があるため（著作権法12条の２第１項，２条１項10号の３），やはり権利者から利用許諾を受けなければならないことに留意が必要である。

(2)　派生データの取扱い（第２項）

　ライセンシーによるデータの利用の結果，新たなデータが創出されることがある（以下，提供されたデータの利用によって新たに創出されたデータを「派

生データ」という）。しかし，このような派生データについては，その利用権限が誰に帰属するのか，一義的に判断することが困難である。そのため，派生データについての取扱いを明確に定めなかった場合，ライセンス契約の当事者双方が，自らに利用権限があることを主張し合って紛争が生じる可能性がある。

　本条第2項は，ライセンシーが派生データも原データである甲提供データと同様に利用することができることを定め，かかる紛争を防止するための条項例である。なお，ライセンサーによる派生データの利用権限については定めていないが，これは，一般的なデータ提供型のライセンス契約を締結する場面において，派生データにアクセスすることが可能なのは，派生データを創出したライセンシーのみであることが多く，あえてその旨定める必要性が低いためである。そのため，仮にライセンサーが派生データに物理的にアクセスすることができる場合や派生データの提供を求める場合には，ライセンサーによる派生データに関しても，その取扱いを定めておくことが望ましい。なお，サンプル契約書では，派生データに関する権利は，第9条の知的財産権等に関する条項においてデータ提供者であるライセンサーに帰属させている。

〈派生データの提供を受ける場合の条項例〉

> ○　乙は，甲の求めに応じて，甲提供データを利用，変換又は加工して得た成果物及び複製物（以下「派生データ」という。）を，甲の指定する方法により提供しなければならない。
> ○　甲は，前項に基づき，提供を受けた派生データを何等の制約なく利用することができる。

　本条第2項は，ライセンシーにおいて，派生データについても原データ（甲提供データ）と同様の利用が可能であり，かつ，同様の管理義務が生じるものとして規定しているが，当然，原データと派生データのそれぞれについて異なる取扱いを定めることも可能である。その場合は，例えば，別項を設けて，「乙は，別紙第○項に定めるところに従い，派生データを利用することができるものとし，かつ，派生データを管理しなければならない。」などと定めた上

で，取扱いの詳細を別紙において定めるなどの方法が考えられる。

(3)　ライセンシー以外の者によるデータの利用（第3項・第4項）

　一般に，ライセンス契約に現れるデータは，ライセンシーが対価を支払って
でも使用したいと考える価値の高いデータであることが多いことから，ライセ
ンサーとしては，データを利用することができる者をできる限り限定したいと
いうニーズがある。仮に，データを利用することができる者を明確に特定しな
かった場合，ライセンシーにおいて，自社の関連会社や業務委託先という名目
の第三者に対して価値あるデータが転々流通し，ライセンサーの商機が失われ
るおそれがある。

　また，ライセンサーがデータの利用者を特定しない場合，ライセンシーであ
ればデータの漏えい等が生じないと信頼してデータを提供したにもかかわらず，
ライセンサーのあずかり知らないところでライセンシー以外の者によってデー
タが利用された結果，データが漏えい等する危険性がある。昨今，公私の団体
を問わず個人情報等の機密情報が漏えいする事案が絶えないが，そのうちの少
なくない事案において，業務委託先にデータを提供したところ，業務委託先の
セキュリティが甘かったために機密情報が漏えいしてしまったとの指摘がなさ
れている。

　そこで，ライセンサーとしては，本条第3項を設けてデータの利用者の範囲
を限定するとともに，本条第4項によってデータの利用者に法的義務を課し，
データの漏えい等を可能な限り防止する必要がある。

　本条第3項は，データ利用者を限定する一般的な規定であるが，さらにデー
タの利用者を限定するのであれば，以下の条項が考えられる。

〈データの利用者をさらに限定する条項例①〉

> 3　乙は，乙の役員及び従業員（但し，パートタイム従業員及びアルバイト従業員を除く。以下同じ。）並びに乙が書面により特定し，かつ，甲が書面により事前に承認した者（以下「使用者」と総称する。）にのみ，本利用目的の達成に必要かつ相当な範囲で，甲提供データ等を利用させることができる。

〈データの利用者をさらに限定する条項例②〉

> 3　乙は，乙が書面により特定し，かつ，甲が書面により事前に承認した者（以下「使用者」という。）にのみ，本利用目的の達成に必要かつ相当な範囲で，甲提供データ等を利用させることができる。

　また，現実的に考えうる最も厳しいデータ利用者の限定方法の１つとして，データの取扱いをライセンサーが管理する特定の部屋に限定するとともに，限られた者にのみ当該部屋への入室のための鍵を与えるという方法が考えられる。詳細は，第6条において解説する。

(4)　データ利用上の責任（第5項）

　本条第5項は，データの利用によって生じた一切の不都合についてはライセンシーが解決するものとし，ライセンサーは一切の責任を負わないとする条項である。ライセンサーの立場からすれば，規定する必要性の高い条項である場合が多い。

　他方で，ライセンシーの立場からすれば，例えば，提供されたデータの知的財産権が第三者に帰属していたり，提供されたデータの中に営業秘密や限定提供データが含まれていたりした場合，当該データの利用が第三者の権利を侵害する可能性があり，これらについてまで自己が責任を負わなければならないとするのは不合理であるから，まずは本条第5項の削除を求めることとなろう。

〈ライセンシーの責任を限定させる条項例①〉

> 5　乙は，甲に対し，乙及び使用者による甲提供データ等の利用により生ずる一切の不都合，問題，第三者からの苦情，請求その他法的措置について，自己の費用と責任において適切に解決するものとし，甲は一切の責任を負わない。乙又は使用者による甲提供データ等の利用に関連して甲が費用，賠償金等を支払った場合，乙は，甲の請求に従い，当該費用及び賠償金等を補償する。但し，第三者からの苦情，請求その他法的措置のうち甲提供データ又は甲の責めに帰すべき事由に起因する場合は，この限りではない。

　また，可能であれば，さらなる修正要求として，第5条において，データが第三者の知的財産権その他の権利の侵害を構成するものでないこと，また，当該利用によって第三者の権利を侵害しないことを表明保証させることが考えられる（第5条の具体的な修正案は，182頁を参照されたい）。

　この他，ライセンサーとライセンシーとの間で，本項について，どのような取扱いとするか現時点では決めることができないとなった場合には，別途，協議して対応するという修正を行うことも考えられる。

〈ライセンシーの責任を限定させる条項例②〉

> 5　甲及び乙は，甲提供データ等の利用により生ずる一切の不都合，問題，第三者からの苦情，請求その他法的措置について，相手方にすみやかに通知し，甲及び乙は，別途，協議して対応するものとする。

　なお，条項例の想定事案においては，データの利用目的についてAIを利用した自動改変エンジンの開発に限定しているが，著作権法の改正により，情報解析のための著作物の利用に関する権利制限規定の適用範囲が広がった結果，深層学習（ディープラーニング）の方法によるAI開発のための学習用データとして著作物をデータベースに記録し，これを情報解析目的で利用することが広く権利制限の対象に含まれることになった（同法30条の4第2号）。したがって，想定事例において，ライセンシーが，データの著作権が第三者に帰属していたことが理由で，ライセンシーによるデータの利用が当該著作権の侵害

に該当したというケースを想定し，そのリスクを負担するよう要求してきたとしても，ライセンサーとしては，著作権法30条の４第２号を根拠に，そのようなリスクが顕在化する可能性は低いと反論して，本条第５項の修正を拒否するとの対応をとることが可能になる。

(5)　データの目的外利用および第三者への開示・漏えいの禁止（第６項）

　本条第６項は，ライセンサーが，ライセンシーに対し，提供するデータの目的外利用および第三者への開示・漏えいを禁止する条項である。

　上述のとおり，データは，知的財産権とは異なり，何らの権利も発生しておらず，契約を締結していなくとも保有者以外が適法に利用することができる可能性が一応存在する。そのため，データの利用許諾の範囲を利用目的で区切るとともに（本条第１項），他方で本項により目的外利用を禁止することで，仮にライセンシーが利用許諾の範囲を超えてデータを利用した場合に，最低限本契約に違反したことの責任を問うことができるようにすることが可能になる。また，価値あるデータの漏えいがライセンサーにとって大きな損害になることは自明であることから，本項で開示・漏えいを一般的に禁止するとともに，開示・漏えいを防止するための措置を講じることを第６条で義務付け，第７条により開示・漏えいが生じた場合の対応策をあらかじめ定めることとしている。

　本項の規定は，ライセンサーとしての最低限の要求であり，これについてライセンサーの側が譲歩することは想定しがたい。むしろ，開示・漏えいの防止のための措置（第６条）や，それが生じた場合の対応策（第７条）においてどこまでライセンシーに負担を求めることになるかという点で契約交渉が行われることになるものと想定される。

5 検　査

第4条（検査）
1　乙は，第2条に基づき甲提供データを受領した日から〇営業日後までに，甲から受領した甲提供データが，別紙第1項記載の条件を充たしているか検査を行い，甲に対してその検査結果を書面により通知する。ただし，当該期間内に当該通知がなされなかった甲提供データについては，本項の検査に合格したものとみなす。
2　甲は，乙から不合格の通知があった甲提供データについて，別紙第1項記載の条件を充たしていないと甲が合理的に判断する場合，乙の指示に従い，甲の費用をもって甲提供データの修正を行い，甲乙が別途合意した期日までに甲提供データを再提出し，改めて前項に基づく乙の検査を受けるものとする。

　AI開発のような高度に専門性を要求される業務において，その開発の「材料」となるデータの提供者側が，当該開発に適合するようなデータを自ら主体的に選択して提供することは，技術的・能力的に難しい場合が多いと考えられる。そのため，データの提供者であるライセンサーとしては，提供するデータがAI開発に有用であることについて保証することが非常に難しく，その意味で，第5条第1項第1号に定める事項の不保証は，想定事例におけるライセンサーとしては重要となる。

　他方で，ライセンシーの側は，AI開発という利用目的に適合したデータの提供を受けるための措置を契約上確保しておく必要があるが，上記のとおり，それをライセンサーの側に保証させることは難しい。また，データの提供契約が有償契約である場合には，契約不適合責任の規定が適用される可能性が高いが，AI開発においては，データのどのような性質が本契約の内容に適合しない（すなわち，AI開発という本契約の目的に適合しない）か判然としないため，AI開発に不適なデータが提供されたとしても，ライセンサーに対し，データの提供を受けてから事後的に，契約不適合責任（追完，代金減額，損害賠償等の請求）を追及することにも難しい面がある。

　そのため，ライセンシーとしては，データの提供を受けた時点において，それが想定しているAI開発に適合しているのか判断し，適合していないと判断すればそれを差し戻して修正や代替データの提供を求めることができる本項が重要になる。ただし，AI開発においては，実際にAIにデータを入れるまでそのデータの内容が有用なものであるかどうか判然としないことが多い。そのため，本項に基づく検査は，もっぱらデータの形式面の検査に限られることになることが予想される。

6　データ品質の不保証等

第5条（データ品質の不保証等）
1　甲は，乙に対し，甲提供データについて，次の各号に掲げる事項を保証しない。
　(1)　甲提供データが本利用目的を実現するために有効であること
　(2)　甲提供データの正確性，完全性及び安全性
　(3)　甲提供データが第三者の知的財産権又はそれ以外の権利を侵害していないこと
2　甲の乙に対する甲提供データの提供にかかる責任は，前条第2項に基づく甲提供データの修正の履行に限られるものとする。

　一般的に，「データ」を契約の目的物とする場合には，契約締結後，その品質をめぐって当事者間で何らかのトラブルが生じてしまうことは少なくない。
　したがって，データ提供者がデータの品質に関する保証をするのか，保証しないのか，また，保証／不保証の対象（範囲）を明確化しておくことが重要である。
　一般論としては，（当然のことながら，）データ受領者にとっては，例えばデータが本利用目的の実現のために適ったものであること等についてデータ提供者に保証させることが好ましく，反対に，データ提供者にとっては，そのような保証をしないほうが好ましいだろう。
　条項例では，第5条において，甲提供データに関する不保証を明記している

ため，「保証」という論点に関しては，データ提供者である甲に全体的に有利
に規定されているといえる。しかし，本契約では，第4条第1項において甲提
供データが一定の仕様（「別紙第1項記載の条件」）を充たすことが検査合格の
条件となっており，仮にこれを充たさない場合には，乙は甲に対して甲提供
データの修正を求めることができるとされている（第2項）。乙としては，条
項例のように甲からデータの品質に関する保証を得られなかった場合，甲提供
データに求めるべき事項を（甲による保証ではなく）検査合格の条件として定
めておくことで，最低限の品質確保を図ることになるだろう。

　なお，第5条第1項各号では，以下の3項目が「不保証」の対象として列記
されているが，各号の内容について簡単に言及しておく。

(1)　甲提供データが本利用目的を実現するために有効であること
(2)　甲提供データの正確性，完全性および安全性
(3)　甲提供データが第三者の知的財産権またはそれ以外の権利を侵害してい
　　ないこと

　第1号は，内容として抽象的かつ主観的な感が否めず，データ提供者側とし
てはあまり保証したくないと考えることが多いだろうが，単にかかる事項が
「保証の対象となることが明記されない」だけ（当該事項を「保証しない」と
明記しない）では，後々データ受領者との間で無用な紛争が生じる可能性も否
定できないため，条項例のように「不保証」の対象であると明記しておくこと
が望ましいだろう（データ受領者との間で，この点が「論点化」することを面
倒に思い，「『保証する』と規定されていないから問題ないだろう」という態度
では，紛争リスクが残るということである）。

　第2号も文字どおりの意味であるが，「甲提供データ」の内容次第では，「正
確性，完全性及び安全性」のうち全部または一部についての保証が重要となる
ケースもあると考えられる。例えば「甲提供データ」が医療機器から取得され
た患者の患部画像データ等であり，これを教師データとして診断サポートAI

を開発することが契約の目的となっているような場合においては,「正確性」は比較的重要性を増すかもしれないし,データ受領者側のシステムの仕様の性質等に照らして,万一コンピューターウイルス等が「甲提供データ」に紛れ込んだ場合には直接かつ重大な損害が発生しうる可能性があれば,「安全性」は比較的重要性を増すかもしれない。

　第3号についても,「甲提供データ」の性質等に照らして保証の要否を検討する必要がある。特に本件のように,「甲提供データ」に著作権その他の知的財産権が発生していることが前提となる場合には,乙が甲提供データを利用する段階で第三者との間で紛争が生じた場合のリスクヘッジのためにも,甲による保証を求めることが重要になるだろう。

　条項例とは反対に,乙として上記事項を甲に保証させる場合の条項例は以下である。

〈データ品質を保証させる条項例〉

> 第5条（データ品質の保証等）
> 甲は,乙に対し,甲提供データについて,次の各号に掲げる事項を保証する。
> 　(1)　甲提供データが本利用目的を実現するために有効であること
> 　(2)　甲提供データの正確性,完全性及び安全性
> 　(3)　甲提供データが第三者の知的財産権又はそれ以外の権利を侵害していないこと

　甲がデータ品質の保証をためらう場合にも,例えば,以下のように「甲の知る限り」と限定を付して保証してもらうよう求めることも実務的にはありうる交渉態度である（甲としても,「甲提供データが第三者の知的財産権を侵害していることを知りながら提供しようとしている」かのように思われることは,避けたいはずである）。

〈データ品質の保証の内容を限定させる条項例〉

> 第5条（データ品質の保証等）
> 甲は,乙に対し,甲提供データについて,本契約締結時点において甲の知る限り,第三

> 者の知的財産権又はそれ以外の権利を侵害していないことを保証する。

　上記各条項例のように，甲に甲提供データの品質の全部または一部について保証させる場合には，保証違反があった場合の責任に関して明確に定めておくことが望ましい。保証違反によって生じた損害が明らかではない，あるいは明らかであっても，その損害額の特定（立証）が容易ではない場合も多く，民法上の債務不履行責任ないし不法行為責任の規定による救済を期待することはあまり現実的ではないためである。

　そうした場合には，例えば以下のような保証違反の責任条項を規定することが考えられる。

〈保証違反に対する違約金を定めておく条項例〉

> 第5条（データ品質の保証等）
> 1　甲は，乙に対し，甲提供データについて，次の各号に掲げる事項を保証する。
> 　(1)　甲提供データが本利用目的を実現するために有効であること
> 　(2)　甲提供データの正確性，完全性及び安全性
> 　(3)　甲提供データが第三者の知的財産権又はそれ以外の権利を侵害していないこと
> 2　甲が前項の保証に違反した場合には，甲は乙に対して，違約金として金○円を支払うものとする。

7　甲提供データの管理等

> 第6条（甲提供データの管理等）
> 1　乙は，甲提供データ等を適切に管理するため，甲提供データ等を他の情報と明確に区別して保管し，法令及び所管官庁のガイドラインに従うとともに，その他機密保持のために合理的な措置を講じ，善良な管理者の注意をもって取り扱い，不正アクセス，不正利用等の防止に努める。
> 2　甲は，乙に対し，前項の管理等の状況についていつでも報告を求めることができ，

> 乙は，正当な理由がない限り，甲に対し，求められた事項について報告をしなければ
> ならない。
> 3　甲は，前項に基づく報告が甲提供データ等の利用状況及び管理方法を検証するのに
> 十分でないと判断した場合，7営業日前までに書面により通知することを条件に，乙
> の営業所に立ち入って，乙による甲提供データ等の利用状況及び管理方法の監査を実
> 施することができる。乙は，当該監査に最大限協力するものとする。
> 4　第2項に基づく報告の確認又は前項による監査の結果，乙が本契約に定める利用許
> 諾の範囲を超えて甲提供データ等を利用していたことが判明した場合又は乙の管理方
> 法が不十分であると甲が判断した場合，甲は，乙に対し，必要な是正措置をとること
> を求めることができ，乙は，速やかにこれに応じなければならない。なお，この場合，
> 当該是正措置の実施のために生じた費用は，乙の負担とする。

　第1項は，甲提供データの管理方法について，乙に一定の管理措置を義務付
ける規定である。

　乙は，甲提供データを本利用目的のためにのみ利用しなければならないが
（第3条第1項），乙がかかる義務を遵守しているかどうかを確認できるように
するためには，甲提供データと，乙自身が独自に保有，開発するデータとの混
同（コンタミネーション）を防ぐ必要があるため，「甲提供データ等を他の情
報と明確に区別して保管」することを義務付けることは重要な管理措置の1つ
といえる。

　また，あくまで乙は，甲提供データの限定的な利用を許諾されるのみであり，
甲提供データが依然として甲の「財産」であることには変わりがないため，甲
提供データが権限なき第三者の手に渡ったりすることのないように，その他一
般的な管理措置を義務付けることも有益である。本章冒頭でも述べたとおり，
「データ」には原則として所有権等の排他権は観念されないため，一度権限な
き第三者の手に渡ってしまった甲提供データの返却や，利用停止を求めること
は非常に困難である。

　さらに，第1項の管理措置義務を実効化する手段として，第2項から第4項
のように，管理状況の監査や，管理措置義務等違反が発覚した場合の措置につ
いても，契約書上明記しておくことが望ましい。

　なお，利用頻度は必ずしも高くないかもしれないが，データの管理を徹底させる方法の１つとして，ライセンサーが施設ないし部屋とその中にデータへ唯一アクセスすることのできる端末を用意し，ライセンシーに対して当該部屋等への立入りを許可し，ライセンシーは当該部屋等の中でのみデータにアクセスすることができるものとする方法が考えられる。この場合，当該部屋の鍵はライセンサーが個々に認めたライセンシーの従業員等のみに貸し与えられ，当該従業員等は当該鍵を第三者に譲渡・貸与することができず，また，データを記録媒体に保存し，また，部屋等の外部に持ち出すことが禁止されることにより，物理的なデータの漏えいを非常に高いレベルでシャットアウトすることができる。その条文例を示すと，例えば，以下のとおりとなる。

〈特定の施設・部屋以外でのデータへのアクセスを禁じる場合の条項例〉

1　甲は，乙に対して甲提供データを提供するに当たり，別紙記載の施設（以下「本件施設」という。）及び本件施設内に甲提供データにアクセスすることのできる端末（以下「本件端末」という。）を用意する。

2　甲は，乙が申請して甲が認めた個人（以下「データ取扱者」という。）に対し，甲が別途定める条件の下，本件施設に立ち入るための鍵の貸渡し及び本件端末を利用するために必要な情報の提供を行う。当該貸渡し及び提供によって，本契約上の甲による甲提供データの提供義務は履行されたものとする。

3　乙は，データ取扱者に対し，書面により，前項の鍵及び情報を厳重に管理する義務を負わせるとともに，甲提供データ（甲提供データを複製又は改変したものを含む。）を本件施設の外部に持ち出し，又は本件端末以外の端末その他の機器を用いて甲提供データを利用してはならない。

4　甲は，乙に対し，本件端末の正確性，完全性，有効性，安全性について保証しない。但し，甲は，乙からの申し出を受けた場合，乙との間で，本件端末の交換等について誠実に協議する。

8　データ漏えい時の措置

第7条（データ漏えい時の措置）
1　乙は，甲提供データ等の漏えいその他本契約に定める条件に違反した甲提供データ
　　等の利用を発見した場合，直ちに甲に対してその旨を通知しなければならない。
2　乙において甲提供データ等の漏えい等が発生した場合，乙は，甲の損害を最小限に
　　とどめるために必要な措置を自己の費用と責任で直ちに講じなければならない。

　第6条の解説でも述べたとおり，通常「データ」に排他権が認められない以上，万が一甲提供データが漏えい等した場合の取決めについても明記しておくことが望ましい（明記しない場合，漏えい等による被害回復が法的に困難となる可能性がある）。

　そこで，まず第1項において，乙による漏えい等事案の即時の通知義務を課している。

　一般的に「直ちに」とは，「速やかに」「遅滞なく」等の用語と比して，より即時性が強いと考えられているが（「直ちに」→「速やかに」→「遅滞なく」の順で即時性は弱まるとされている），それでも具体性に欠けるため，例えば甲として，以下のように通知期限を明示的に定めることも有益だろう。

〈通知期限を明示的に定める条項例〉

1　乙は，甲提供データ等の漏えいその他本契約に定める条件に違反した甲提供データ
　　等の利用を認識した場合，○時間以内に甲に対してその旨を通知しなければならない。

　また，条項例では，漏えい等事案への対応を「乙が」（自費・自己責任で）講じることとしているが（第2項），甲としては，自ら有事の対応を主導したいと考える場合も多いと思われる。そのような場合には，以下のように，自らの陣頭指揮のもと対応策を講じることが可能なよう規定しておくことも考えら

れる。なお，漏えい等が乙の責任領域で生じたと考えられる以上，仮に陣頭指揮をとるのが甲であるとしても，費用負担を乙とすることは十分に公平な内容といえるだろう。

〈保証違反に対する違約金を定めておく条項例〉

> 2　乙において甲提供データ等の漏えい等が発生した場合，乙は，甲の損害を最小限にとどめるために必要な措置を自己の費用と責任で直ちに講じなければならない。ただし，乙は，甲から必要な措置について指示があった場合には，自己の費用において当該指示に従った措置を講じなければならないものとする。

9　データ利用料

第8条（データ利用料）
乙は，甲に対し，甲提供データの提供及び利用許諾の対価（以下「データ利用料」という。）として，別紙第4項記載の金額を同項記載の支払方法により支払う。

　データ利用料の定め方には，大きく，①固定料金制，②従量課金制が考えられる。①による場合には，別紙第4項において以下のように規定することになるだろう。

〈固定料金制とする条項例〉

> 乙は，データ利用料として月額○円（税別）を【支払方法を規定】。

　②による場合には，以下のように，甲提供データの単位当たりの価格を定めることが一般的である。

〈従量課金制とする条項例〉

> 乙は，データ利用料として以下の算定式により算出される金額を【支払方法を規定】。
>
> ○円／甲提供データ１件当たり　×　□（件／月）

　この他，AI開発企業が甲提供データ等を利用して行った事業による売上に対して分配金を受領する方法も考えうる。具体的には，AI開発企業の売上高に掛け合わせる配分（料率）を規定することになるが，ここで重要なのが，対象となる「事業」の範囲を明確にすることである。単に「データ関連事業」などとした場合には，その範囲が無限定に広がりかねないため，この方法を用いる場合には（特に乙において）慎重な検討が求められる（もちろん，「検討」のみならず，具体的かつ一義的なワーディングも求められる）。

　データ利用料として，いずれの算定方式を選択すべきか，という点について（一般論の域をでないが）少し触れておく。シンプルに考えれば，月ごとに提供されるデータの量に大きな変動が見込まれない場合などには，前記①が最も適しているし，月ごとにデータ量が区々である場合には②のほうが適しているということになる。

　また本件のように，甲提供データが直ちに何らかの「売上」に直結しないようなケースに対して，AI開発企業の事業に連動して売上から分配を受ける方法を用いることは一見好ましくないようにも思える（逆にAI開発企業が甲提供データを「転売」するようなケースにはより適している）。しかし，例えば，AI開発企業が将来的に，甲提供データを利用して開発したAIを用いてライセンスビジネスを行うことを目指しているといった場合には，データ提供者として，AI開発企業に対する一種の「投資」的な意味合いで，③の方法を用いることによりデータ利用の対価の事後的な回収を図るという選択肢もありうるだろう。

10　知的財産権等

第9条（知的財産権等）

甲及び乙は，第3条第1項に基づく甲の乙に対する利用許諾が本契約に定める条件に従った甲提供データの利用許諾のみであること，甲提供データ等に係る著作権（著作権法第27条及び第28条に規定する権利を含むが，これに限られない。），商標権その他の知的財産権又はその他いかなる権利は甲に帰属していることを確認し，乙に譲渡，移転，利用許諾するものではないことを確認する。

　条項例において第2条と第3条を書き分けているとおり，データの提供とデータの利用許諾は，少なくともデータのライセンス契約実務においては全く別のものである。しかし，取引相手の中には，データを有体物と同列に考え，データの譲渡を受けたのであるから，当該データを自由に利用できるはずであると誤解する者がいる可能性が否定できない。

　そのため，ライセンサーとしては，そのような誤解に基づくライセンシーの契約違反を防止する観点から，本条を確認的に規定することが考えられる。

　なお，条項例は，あくまでライセンス契約書の作成の切り口からデータ利用許諾にフォーカスして作成しているため記載はしていないが，開発されたAIに関する権利の帰属は実務上，大いに問題となる。データ提供者から提供されたデータを利用してAI開発企業がAIを発展，深化させた場合の権利（そもそも権利が発生しているのか否か，という点から問題となる）の帰属をデータ提供者としては自己に帰属させたいと考えるが，一方で，AI開発企業としては，AIを利用して様々なビジネスを行うことを想定しているのが通常であり，AIに関連する権利についてはデータ提供者に譲渡したくないと考えるのが一般的である。

　どのようなデータが対象となっているかによって異なるが，現状は，AIに関連する権利はAI開発企業に属したままで，データ提供者に対しては当該AIの利用を許諾するにとどめているのが多い印象である。この場合，AI開発企

業がデータ提供者の競業他社に当該AIの利用を許諾することを制限できるか，といったデータ提供者の競争上の地位を確保するための方法については，ケースバイケースで対応を検討することになろう。

特許実施許諾契約書

　○○株式会社（以下「甲」という。）と○○株式会社（以下「乙」という。）は，甲の保有する特許権の実施許諾に関し，以下のとおり契約（以下「本契約」という。）を締結する。

第1条（実施許諾）

1　甲は，乙に対し，甲の保有する下記の特許権（以下「本特許権」という。）について，次項に定める範囲における非独占的通常実施権（以下「本実施権」という。）を許諾する。

記

特　許　番　号：特許第○○号

発明の名称：○○

出　　願　　日：XX年XX月XX日

登　　録　　日：XX年XX月XX日

2　前項により許諾される本実施権の範囲は，次のとおりとする。

(1)　地域：日本国内

(2)　期間：本契約の有効期間

(3)　態様：本特許権に係る発明（以下「本発明」という。）の実施品（以下「本実施品」という。）の製造及び販売

第2条（再実施許諾）

　乙は，本実施権について，甲の事前の書面による承諾を得た場合を除き，第三者に対して再実施許諾を行う権利を有しない。

第3条（対価）

　乙は，甲に対して，本実施権の対価（以下「本対価」という。）として，本実施品の売上（乙の第三者に対する本実施品の販売額から，当該販売に関して乙が負担した梱包費用，運送費用及び消費税を控除した価格を意味する。）の総額の○％相当額（消費税別）を支払う。

第4条（実施品の報告）

　乙は，毎年○月末日を締め日として，１年間における本実施品の販売数量（商品毎），売上及び本対価の額を締め日から○日以内に書面にて甲に報告する。

第5条（対価の支払方法）

1　甲は，前条の報告の受領した日から○日以内に，本対価の請求書を乙に送付する。乙は，本対価の請求書を受領した日から○日以内に甲の指定する銀行口座に振り込む方法により支払う。振込手数料は乙の負担とする。
2　甲は，受領した本対価は，理由のいかんを問わず返還しない。

第6条（非保証）

　甲は，本特許権に係る無効理由の有無，本発明の実施に関する技術上，経済上，その他一切の事項，及び本実施品が第三者の保有する権利を侵害するか否かについて何らの責任も負わない。

第7条（不争義務等）

1　乙が，直接又は間接を問わず，本特許権の有効性を争った場合又は甲が希望する訂正審判若しくは訂正請求の承諾を拒否した場合，甲は何らの催告も要せず直ちに本契約を解除することができる。
2　乙は，甲が本発明について訂正審判又は訂正請求することについて，異議なく承諾するものとする。

第8条 （改良発明）

1　乙が本契約の有効期間中に本発明を改良し，又は本発明に基づき新たな発
　明若しくは考案をしたときは，直ちにその内容を甲に通知するものとする。

2　前項の発明又は考案に係る権利の帰属及び実施許諾その他の取扱いについ
　ては，甲乙間で別途協議の上定める。

第9条 （侵害の処置・排除）

1　乙は，第三者による本特許権の侵害の事実を知ったときは，直ちに甲に通
　知する。

2　乙は，甲が第三者による本特許権の侵害を排除しようとする場合には，甲
　に協力するものとする。

第10条 （監査）

1　乙は，第4条の報告の基礎となる帳簿書類を保管するものとし，甲の請求
　があった場合は，いつでも甲又は甲の指定した代理人に当該帳簿書類を監査
　させるものとする。

2　前項の規定は，本契約が終了した場合（終了事由のいかんを問わない）で
　あっても，第4条の報告後も3年間存続する。

第11条 （権利の移転等）

　甲及び乙は，合併等による包括承継，事業の譲渡その他事由のいかんを問わ
ず，事前に書面による相手方の承諾を得た場合を除き，本実施権，本契約に基
づく権利若しくは義務又は本契約上の地位を移転又は承継させることができな
いものとする。

第12条 （秘密保持）

　甲及び乙は，本契約の内容及び本発明の実施に関連して知得した相手方の営
業上，技術上の情報（以下「本秘密情報」という。）を秘密に保持し，事前の

書面による相手方の承諾なしに第三者に開示・漏えいしてはならない。

第13条（有効期間）

1　本契約の有効期間は，本契約締結日から〇年間とする。

2　前項にかかわらず，第4条から第6条，第10条，第12条，本条，第15条から第17条は，本契約の終了後も有効に存続するものとする。

第14条（解除）

1　前条の規定にかかわらず，甲及び乙は，相手方に以下に定める事由が発生した場合，何らの催告も要せず直ちに本契約を解除できる。

(1)　本契約に違反し，相手方にその旨を通知した後〇日以内に当該違反が是正されないとき

(2)　監督官庁により営業許可の取消し又は営業停止処分を受けたとき

(3)　支払停止若しくは支払不能の状態に陥ったとき，又は，自ら振り出し若しくは引き受けた手形若しくは小切手が不渡り処分を受けたとき

(4)　差押え，仮差押え，仮処分，競売，強制執行又は租税滞納処分を受けたとき

(5)　破産手続開始，民事再生手続開始，会社再生手続開始，特別清算開始又はこれらに類似する倒産手続開始の申立てがあったとき又は自ら申し立てたとき

(6)　解散，会社分割，事業譲渡又は合併の決議をしたとき

(7)　災害，労働紛争その他により，その資産又は信用状態に重大な変化が生じ，本契約に基づく債務の履行が困難になるおそれがあると客観的に認められる相当の理由があるとき

(8)　その他前各号に準じる事由があるとき

2　甲及び乙は，前項各号に定める事由が生じた場合は，直ちに相手方に通知する。

第15条（在庫品の取扱い）

　本契約がその事由のいかんを問わず終了した場合，乙は，直ちに本実施品の製造を中止し，本契約終了時点で乙が有する本実施品及びその仕掛品を，乙の費用で廃棄しなければならない。

第16条（協議等）

　本契約に取り決めていない事項について問題が発生した場合，又は本契約の各条項の解釈に疑義が生じた場合には，甲乙誠意を持って協議し，解決に努める。

第17条（合意管轄）

　本契約に関して紛争が生じたときは，東京地方裁判所を第一審の専属的合意管轄裁判所とする。

　以上，本契約締結の証として，本書２通を作成し，甲乙記名捺印の上，各自１通を保管する。

　20○○年○月○日

　　　　　　　　　　　　　　甲：□□県□□市□□町□丁目□番□号
　　　　　　　　　　　　　　　　□□□□株式会社
　　　　　　　　　　　　　　　　代表取締役　　□□□□＜印＞

　　　　　　　　　　　　　　乙：□□県□□市□□町□丁目□番□号
　　　　　　　　　　　　　　　　□□□□株式会社
　　　　　　　　　　　　　　　　代表取締役　　□□□□＜印＞

商標使用許諾契約書

　○○株式会社（以下「甲」という。）と○○株式会社（以下「乙」という。）は，乙による甲が保有する商標権の利用について，次のとおり商標使用許諾契約（以下「本契約」という。）を締結する。

第1条（使用許諾）

　甲は，乙に対し，甲の保有に係る下記の商標（以下「本件商標」という。）の商標権（以下「本件商標権」という。）について，非独占的通常使用権（以下「本件使用権」という。）を許諾する。

記

商標登録第○○号

商標「○○」

指定商品・指定役務　○○（第○類）

第2条（使用権の範囲）

1　前条により許諾される本件使用権の範囲は，次のとおりとする。
　(1)　地域　　日本国内
　(2)　期間　　本契約の有効期間
　(3)　商品及び役務　　○○，○○
　(4)　使用態様　　本件商標権に係る商標を付した商品（以下「本件商品」という。）の製造及び販売

2　乙は，甲の事前の書面による承諾なく，本件使用権の全部又は一部を第三者に譲渡，再許諾することができず，かつ担保に供することができないものとする。

第3条（使用権の設定登録）

1　乙は，自己の費用をもって，本件使用権の設定登録を単独で行うことができ，甲はこれに協力する。

2　甲は，乙の請求により，前項の設定登録に必要な書類を乙に交付する。

第4条（対価）

1　乙は，本契約によって甲から許諾された本件使用権の対価として，本契約締結後○日以内に，金○○円（消費税別）を甲に支払う。

2　前項に定めるほか，乙は本契約によって甲から許諾された本件使用権の対価として，毎年3月，6月，9月及び12月の各月の末日締めで，3か月ごとに本件商標権を使用した本件商品の総売上額に○％を乗じた金額（消費税別）を翌月○日までに，甲に支払う。

3　前2項の規定により支払われた対価は，理由のいかんを問わず乙に返還されない。

第5条（使用報告）

1　乙は，毎月○日締めで，各月における本件商品の販売数量，総売上額及び第4条第2項に定める対価の金額を計算し，甲に対し，翌月○日までにこれらを書面で報告し，かつ本件商標権の使用事実を証明する資料を提出するものとする。

2　乙は，前項の期間内に本件商標を使用した事実がないときは，その旨及びその使用を中止した理由を記載した書面を，本件商標の最終使用事実を証明する資料とともに，前項の報告に代えて甲に提出するものとする。

第6条（商標登録表示）

1　乙は，本件商標権の使用に関し，本件商品及びその広告宣伝物等において，本件商標権が登録商標であり，甲から使用許諾を得ている旨を表示するものとする。

2　乙は，本件商標権の使用に関し，本件商品において，製造業者名を明記しなければならない。

第7条（商標権の更新登録）

甲は，本件商標権の使用許諾期間中，甲の費用において，本件商標権の存続期間の更新登録申請を行う。

第8条（競業の禁止）

甲は，甲又は第三者を通じて本件商標を使用したブランドライセンスビジネスを行う場合は，乙の行うブランドライセンスビジネスとの競合を避けるため，事前に乙と協議しなければならない。

第9条（不適正使用の禁止）

乙は，本件商標の使用及び利用に際し，本件商標のイメージ及び機能保持に努め，次の各号の他，その価値を毀損させるようなことを一切行わないものとする。

(1)　本件商標を他の表示と区別なく又は結合して使用すること。

(2)　本件商標に他の装飾的な図形や文字を付加すること。

(3)　本件商標の形態の全部又は一部の変更又は削除。

第10条（表明保証）

1　甲は，乙に対し，本契約締結日において，次の各号の事項について表明し，保証する。

(1)　本契約の締結及び履行のために，甲が本件商標について必要な権限を適法かつ有効に有しており，乙による本契約に基づく本件商標の使用に関し，何ら支障を来す制約が存在しないこと。

(2)　本件商標が第三者の知的財産権を侵害しないこと。

2　甲は，前項に定める表明及び保証の違反に起因又は関連して乙に損害，損

失及び費用（逸失利益及び弁護士費用を含む。以下「損害等」という。）が
生じた場合，かかる損害等について，乙に賠償する。
3　乙は，甲が第1項に定める表明及び保証に違反した場合，本契約を解除す
ることができる。但し，乙の甲に対する損害賠償請求権の行使は妨げられな
い。

第11条（権利の保護）

本件商標について第三者との間で問い合わせ，苦情，警告等（以下，総称し
て「紛争等」という。）が生じた場合は，乙の責に帰すべき事由による場合を
除き，甲の責任と費用負担により紛争等を解決し，乙を免責するとともに，乙
が被った損害（逸失利益及び弁護士費用を含むが，これらに限られない。）を
賠償する。但し，乙からの要望にもかかわらず，甲が，紛争等への対応を行わ
ない場合には，乙は自らの判断で，甲の費用により，紛争等への対応，侵害の
防止及び排除を行うことができる。

第12条（侵害の排除）

1　甲は，その裁量において，本件商標権に対する侵害の防止及び排除のため
に必要な措置を実施する。
2　乙は，第三者が本件商標権を侵害し又は侵害するおそれがあることを知っ
たときは，直ちにその旨を甲に通知し，当該侵害の防止及び排除について甲
に協力するものとする。

第13条（製造物責任）

1　本件商品の欠陥により第三者の生命，身体又は財産に損害が生じた場合，
乙は，当該損害を賠償する責任を負うとともに，これによって甲に生じた損
害（当該第三者との間の紛争解決費用（弁護士費用を含む。）その他の合理
的な対応に要した費用等）を賠償する責任を負う。
2　甲及び乙は，本件商品に欠陥があること又はそのおそれがあることを発見

し，又はこれらに起因して自らが訴訟その他の紛争の提起を受けた場合には，直ちに相手方に対してその旨を通知し，相互に協力してこれを解決するものとする。

第14条（不争義務）

乙が直接又は間接を問わず，本件商標の有効性を争った場合，甲は何らの催告を要せず直ちに本契約を解除することができる。

第15条（新規の商標出願）

乙は，事前の甲の書面による承諾なしに，本件商標に類似又は関連する商標の登録出願を行ってはならない。

第16条（有効期間）

1　本契約の契約期間は，本契約締結日から○年間とする。但し，本契約満了日の３か月前までに，甲又は乙のいずれからも相手方に対して書面による終了又は変更の通知がなかった場合には，同一の条件で自動的に○年間延長されるものとし，その後も同様とする。

2　本契約の終了後においても，第４条第３項，第10条第３項，第13条，本条第２項，第18条から第20条，第22条第４項及び第24条の規定はなお有効に存続する。

第17条（解除等）

1　甲及び乙は，相手方が次の各号のいずれかに該当する場合，直ちに本契約を解除し，自己に生じた損害について損害賠償を請求することができるものとする。

　⑴　本契約の条項のいずれかに違反し，その違反の是正を求める催告を受けたにもかかわらず，当該催告期間を過ぎても当該違反が治癒されないとき。

　⑵　本契約の条項のいずれかに違反し，当該違反の性質又は状況に照らし，

　　　当該違反を治癒することが困難であるとき。

⑶　差押え，仮差押え，仮処分若しくは租税滞納処分又は任意整理，特別清
　　算，会社更生手続の開始又は民事再生手続若しくは破産の申立を受け，又
　　は，自ら申し立てたとき。

⑷　手形又は小切手の不渡りを発生させ，支払停止処分を受けるなど信用状
　　態が著しく悪化したとき。

⑸　その他，本契約を継続することができないと認められる相当な事由があ
　　るとき。

2　甲及び乙は，○か月前までに相手方に対して書面による通知を行うことに
　より，本契約を解約することができるものとする。

第18条（契約終了後の取扱い）

　乙は，本契約終了時点において乙が保有する本件商品の在庫品に限り，本契
約の終了にかかわらず，契約終了日から○か月の間，販売を継続することがで
きるものとする。本件商品の在庫品の販売に伴う対価についても，第4条を適
用するものとする。

第19条（損害賠償）

　甲及び乙は，本契約の履行に関連して相手方に損害を与えた場合，これに
よって被った損害を直ちに賠償しなければならない。

第20条（秘密保持）

　甲及び乙は，本契約に関連して知得した相手方の営業上，技術上の情報を秘
密に保持し，事前に書面による相手方の承諾なしに第三者に開示・漏えいして
はならない。

第21条（権利義務の譲渡禁止）

　甲及び乙は，相手方の事前の書面による承諾がない限り，本契約上の地位又

はこれに基づく権利若しくは義務を第三者に譲渡し，担保に供し，又はその他の処分をしてはならない。

第22条（反社会的勢力の排除）

1　甲及び乙は，次の各号のいずれか一にも該当しないことを表明し，かつ将来にわたっても該当しないことを表明し，保証する。
  (1)　自ら又は自らの役員が，暴力団，暴力団員，暴力団員でなくなった時から5年を経過しない者，暴力団準構成員，暴力団関係企業，総会屋，社会運動等標ぼうゴロ又は特殊知能暴力集団等その他これらに準じる者（以下，総称して「暴力団員等」という。）であること。
  (2)　暴力団員等が経営を支配していると認められる関係を有すること。
  (3)　暴力団員等が経営に実質的に関与していると認められる関係を有すること。
  (4)　自ら若しくは第三者の不正の利益を図る目的又は第三者に損害を加える目的をもってするなど，暴力団員等を利用していると認められる関係を有すること。
  (5)　暴力団員等に対して資金等を提供し，又は便宜を供与するなどの関与をしていると認められる関係を有すること。
  (6)　自らの役員又は自らの経営に実質的に関与している者が暴力団員等と社会的に非難されるべき関係を有すること。
2　甲及び乙は，自ら又は第三者を利用して次の各号のいずれか一に該当する行為を行わないことを保証する。
  (1)　暴力的な要求行為。
  (2)　法的な責任を超えた不当な要求行為。
  (3)　取引に関して，脅迫的な言動をし，又は暴力を用いる行為。
  (4)　風説を流布し，偽計を用い又は威力を用いて相手方の信用を毀損し，又は相手方の業務を妨害する行為。
  (5)　その他前各号に準ずる行為。

3　甲及び乙は，相手方が前2項に違反した場合は，通知又は催告等何らの手続を要しないで直ちに本契約を解除することができるものとする。

4　甲及び乙は，前項の規定により本契約を終了した場合，相手方に損害が生じても，その賠償責任を負わないものとする。

第23条（協議）

　本契約に定めのない事項又は本契約の規定の解釈について疑義がある事項については，甲及び乙は，誠意をもって協議し，解決する。

第24条（管轄）

　本契約に係る紛争に関する訴訟は，東京地方裁判所を第一審の専属的合意管轄裁判所とする。

　本契約締結の証として，本書2通を作成し，甲乙記名押印のうえ，各自1通ずつ保有する。

　20○○年○月○日

甲：□□県□□市□□町□丁目□番□号
　　□□□□株式会社
　　代表取締役　□□□□＜印＞

乙：□□県□□市□□町□丁目□番□号
　　□□□□株式会社
　　代表取締役　□□□□＜印＞

巻末資料3 ［著作物利用許諾契約書］

著作物利用許諾契約書

　株式会社○○（以下「ライセンサー」という。）と株式会社○○（以下「ライセンシー」という。）は，以下のとおり著作物利用許諾契約（以下「本契約」という。）を締結する。

第1条（目的）

　本契約は，ライセンサーがライセンシーに対して本件キャラクター（第2条第1号で定義する。）の利用を許諾することに関して，その条件を定めることを目的とする。

第2条（定義）

　本契約において，次の各号で定義する各用語は，その用語の通常的な用法にかかわらず該当の各号で定めるところによる。

⑴　「本件キャラクター」とは，「ライセンスマン」と呼称されるキャラクターとして，別紙1に定めるものをいう。

⑵　「本件ゲーム」とは，ライセンシーが制作及び配信をするスマートフォン用ゲームアプリケーション「ゲーム・ライセンスマン」をいう。

⑶　「本件キャラクター等」とは，本件キャラクター及び本件ゲームのシナリオ，グラフィックス，画像，音声，音楽，イラストその他本件ゲームを構成する一切の情報のうち，本件キャラクターに関連するものをいう。

⑷　「本件素材」とは，ライセンシーが，本件キャラクター等を制作する際の素材となるテキストデータ，画像データ，動画データ，音楽データ，ソースコード等の素材，資料をいうものとする。

⑸　「本件広告宣伝物」とは，本件ゲームに関する広告宣伝及び販売促進活動の目的でライセンシーが本件キャラクター等を利用して制作したPV，

POP，ポスター，チラシその他の広告宣伝物をいう。

(6) 「プラットフォーム運営会社」とは，本件ゲームを公開及び販売する
ウェブサイトである「□□」を運営する□□ Inc.及び「△△」を運営する
△△ LLCをいう。

(7) 「本件ユーザー」とは，ライセンサーの指定または承諾するところに従
い，プラットフォーム運営会社所定のユーザー登録をし，かつ，プラット
フォーム運営会社が提示する本件ゲームに関する規約に同意した一般消費
者をいう。

第3条（知的財産権）

本件キャラクター，本件キャラクター等及び本件素材に関する著作権（著作
権法第27条及び第28条に定める権利を含む。）その他の一切の権利は，ライセ
ンサーに帰属するものとする。

第4条（利用許諾）

1 ライセンサーは，ライセンシーに対し，ライセンシーが日本において本件
ゲームを制作及び配信するにあたり，本契約に規定される条件に従って本件
キャラクターを利用することを非独占的に許諾（以下「本件許諾」という。）
する。

2 本件許諾には，本件広告宣伝物の制作及び頒布についての許諾が含まれる
ものとする。

3 ライセンサーは，自ら又は第三者をして，ライセンシー及びライセンシー
の指定する第三者に対し，著作者人格権を行使してはならない。

4 ライセンシーは，本件ユーザーに限り本件ゲームを提供することができ，
本件ユーザー以外の者に対して本件ゲームを提供してはならない。

第5条（再利用許諾・再委託）

1 ライセンシーは，ライセンサーの書面による事前の承諾を得た上で，本件

許諾により許諾された権利を第三者（以下「再委託先」という。）に再許諾
するとともに，本件ゲームの制作の一部を再委託先に再委託することができ
る。

2　ライセンシーは，前項に定める再委託をする場合，再委託先に対し，ライ
センシーが本契約に基づきライセンサーに対して負う義務と同等の義務を書
面により負わせるとともに，再委託先が当該義務に違反したときは，当該義
務違反をライセンシーによる義務違反とみなし，ライセンサーに対して当該
違反についての一切の責任を負うものとする。

第6条（対価及び支払方法）

1　ライセンシーは，ライセンサーに対し，本件許諾の対価，第3条に基づく
権利帰属の対価その他本契約の一切の対価（以下「本件対価」という。）と
して，以下の計算式により算出される金額（消費税別）を支払うものとする。

　　本件対価＝（売上金額－マーケット運営会社の手数料）×○％

※「売上金額」とは，本件ゲーム内でのみ使用可能な通貨を，マーケット運
営会社を通じてユーザーが購入した金額をいい，また，本件対価として算
出される金額に1円未満の端数が生じたときは，これを切り捨てるものと
する。

2　ライセンシーは，前項に定める本件対価を，毎月末日締め翌々月末日（末
日が銀行営業日でない場合は翌営業日）限りで，ライセンサーが別途指定す
る銀行口座に振込送金する方法により支払うものとする。

3　いかなる理由においても，ライセンサーは，ライセンシーから受領した本
件対価をライセンシーに対して返還する義務を負わないものとする。

第7条（本件素材の提供等）

1　ライセンサーは，ライセンシーに対し，ライセンシーが本件キャラクター
等を制作するために必要な本件素材を提供するものとする。

2　ライセンシーは，ライセンサーから提供された本件素材を用いずに自ら作

成等した本件素材を用いて本件キャラクター等を制作しようとする場合，当
該本件素材の内容について，ライセンサーの書面による事前の承諾を得なけ
ればならないものとする。
3　ライセンシーは，本契約の終了後○日以内に，ライセンサーに対し，ライ
センサーから提供を受けた一切の本件素材を返却する。

第8条（遵守事項）

ライセンシーは，本件キャラクターを利用して本件ゲームを制作及び配信す
る上で，次の事項を遵守するものとする。
(1)　第三者の著作権その他の知的財産権を侵害しないこと
(2)　本件キャラクター等を社会的，教育的に悪影響を及ぼすおそれのある方
法で取り扱わないこと
(3)　ライセンサー及び本件キャラクターの評価及びイメージを損ない，又は
そのおそれのある行為をしないこと

第9条（監修）

1　ライセンシーは，本件キャラクター等を制作するにあたり，本件キャラク
ター等の内容を詳細に記載した仕様書をライセンサーに提出し，ライセン
サーの書面による事前の承諾を得るものとする。
2　ライセンシーは，ライセンサーに対し，本件キャラクター等のサンプル資
料（以下「本件サンプル」という。）をライセンサーが指定する媒体及び方
法で納入するものとする。
3　ライセンサーは，前項に基づき本件サンプルの納入を受けた場合，本件サ
ンプルを速やかに監修するものとし，納入後○営業日以内に合格又は不合格
を通知するものとする。ただし，不合格の場合は，理由を付して通知するも
のとする。なお，いずれの通知も文書（ＦＡＸを含む。）又は電子メールに
て行うものとする。
4　ライセンシーは，前項により不合格の通知を受けたときは，不合格理由と

された部分を修正のうえ，再度納入し，合格するまで監修を受けるものとする。

5　ライセンシーは，本件広告宣伝物を制作する際にも，本条に従って，ライセンサーの監修を受けるものとする。

第10条（報告義務）

　ライセンシーは，ライセンサーに対し，毎月末日を締切日とし，本件ゲームの当該月における各プラットフォーム運営会社から受領した売上金額及びライセンサーに支払うべき本件対価を，締切日の属する月の翌々月10日までに，書面により報告するものとする。

第11条（記録の閲覧等）

　ライセンシーは，本件ゲームの利用者数，各プラットフォーム運営会社から受領した売上金額その他ライセンサーが求める情報について正確な記録を作成するものとし，ライセンサーが必要と認めた場合，ライセンサー又はライセンサーの代理人は，〇日前までにライセンシーに対して書面により通知した上で，ライセンシーの通常の営業時間内に当該記録を調査，閲覧及び謄写することができるものとする。

第12条（著作権表示）

　ライセンシーは，本件キャラクターを本件ゲーム又は広告宣伝及び販売促進物に利用する場合には，ライセンサーが別途指定する位置に，次の著作権表示をするものとする。

© （20XX）○○

　ただし，画面の表示領域に制約がある場合は，次の著作権表示でも可能とする。

© （20XX）○○

第13条 （権利侵害）

1 ライセンサー及びライセンシーは，共同して本件ゲーム及び本件キャラクター等に対する第三者による著作権等の侵害防止に努めるものとする。

2 ライセンサー及びライセンシーは，第三者が本件ゲーム又は本件キャラクター等の権利を侵害した事実を知った場合，直ちに相手方に対してこれを通知し，善後策について協議する。

第14条 （保証）

1 ライセンサーは，ライセンシーに対し，次に掲げる事項を保証する。

（1） 本契約を締結する適法かつ正当な権限を有すること

（2） ライセンシーに対して提供する本件素材が第三者の著作権を含む知的財産権及びその他一切の権利を侵害して創作されたものでないこと

（3） ライセンシーによる本件ゲームの制作及び配信は，本件キャラクターに関して，第三者の知的財産権，肖像権，プライバシー権，パブリシティ権その他の一切の権利を侵害するものではなく，かつ，第三者への対価の支払（名目の如何を問わない。）や第三者からの許諾の取得等を必要としないこと

（4） 本件キャラクターに関する著作権その他の一切の知的財産権について，担保権及び利用権は設定されていないこと

2 ライセンサーは，前項の違反により，ライセンサー又はライセンシーと第三者との間で本件キャラクターに関する知的財産権の侵害を理由とする紛争が生じた場合，自己の費用と責任で，自らこれを解決し，又はライセンシーがこれを解決することに協力し，ライセンシーに一切の迷惑をかけないものとする。

3 前項の紛争によりライセンシーに損害が生じた場合，ライセンサーは，ライセンシーに対し，その損害を賠償しなければならない。

第15条 （本契約の有効期間）

1 本契約の有効期間は，本契約締結日から○年○月○日までとする。

2 前項にかかわらず，第3条，第5条第3項，第6条第3項，第7条第3項，第11条，本条第2項，第17条，第20条及び第22条第4項から第24条は，本契約の終了後も有効に存続するものとする。

第16条 （本契約の解除）

1 ライセンサー又はライセンシーが次の各号のいずれかに該当した場合は，当該ライセンサー又はライセンシーの一切の債務は当然に期限の利益を失い，相手方は直ちに債務の全額を請求できるものとし，かつ相手方は，何らの催告なく直ちに本契約の全部又は一部を解除することができる。

(1) 本契約に違反し，催告後○日以内に当該違反が是正されないとき

(2) 監督官庁により営業許可の取消し又は営業停止処分を受けたとき

(3) 支払停止若しくは支払不能の状態に陥ったとき，又は，自ら振り出し若しくは引き受けた手形若しくは小切手が不渡り処分を受けたとき

(4) 差押え，仮差押え，仮処分，競売，強制執行又は租税滞納処分を受けたとき

(5) 破産手続開始，民事再生手続開始，会社再生手続開始，特別清算開始又はこれらに類似する倒産手続開始の申立てがあったとき又は自ら申し立てたとき

(6) 解散，会社分割，事業譲渡又は合併の決議をしたとき

(7) 災害，労働紛争その他により，その資産又は信用状態に重大な変化が生じ，本契約に基づく債務の履行が困難になるおそれがあると客観的に認められる相当の理由があるとき

(8) その他前各号に準じる事由があるとき

2 ライセンサー及びライセンシーは，前項各号に定める事由が生じた場合は，直ちに相手方に通知する。

第17条（損害賠償責任）

　ライセンシーは，本件ゲームの制作，配信その他本契約の履行に関連してライセンシー又はライセンシーの従業員の故意又は過失によりライセンサーに損害を与えた場合，ライセンサーがこれによって被った損害を直ちに賠償しなければならない。

第18条（不可抗力）

1　ライセンサー及びライセンシーは，本契約に基づく自己の義務の違反又は不履行（金銭債務の不履行を除く。）が，地震，台風等の天災，戦争，内乱，感染症その他の自己がその義務の履行のために適切に制御できない事象により生じた場合，相手方に対し，当該事象に起因して発生した相手方の損害を賠償する責任を負わないものとする。

2　前項の事象が発生した場合において，当該事象により本契約の目的を達することが困難となり，又は困難となることが明らかな場合には，ライセンサー及びライセンシーは，相手方に書面により通知して本契約の全部又は一部を解除することができる。

第19条（救済方法の限定）

　ライセンサーは，本契約が有効に存続する限り，本契約に関する一切の紛争について，法的救済を受けうる地位にあったとしても，その救済は損害の金銭的な賠償によってのみ補填されることをここに承諾し，いかなる場合であっても，ライセンシーに対し，本件キャラクターの利用の差止めを求めることはできないものとする。

第20条（秘密保持）

　ライセンサー及びライセンシーは，本契約に関連して知得した相手方の営業上，技術上の情報（以下「本秘密情報」という。）を秘密に保持し，事前に書面による相手方の承諾なしに第三者に開示・漏えいしてはならない。

第21条（権利義務の譲渡禁止）

　ライセンサー及びライセンシーは，相手方の事前の書面による承諾がない限り，本契約上の地位又はこれに基づく権利若しくは義務を第三者に譲渡し，担保に供し，又はその他の処分をしてはならない。

第22条（反社会的勢力の排除）

1　ライセンサー及びライセンシーは，相手方に対し，本契約締結日において，暴力団，暴力団員，暴力団員でなくなった時から５年を経過しない者，暴力団準構成員，暴力団関係企業，総会屋等，社会運動等標ぼうゴロ又は特殊知能暴力集団等その他これらに準ずる者（以下，総称して「暴力団員等」という。）に該当しないこと及び次の各号のいずれにも該当しないことを表明し，かつ将来にわたって該当しないことを確約する。

(1)　暴力団員等が経営を支配していると認められる関係を有すること

(2)　暴力団員等が経営に実質的に関与していると認められる関係を有すること

(3)　不当に暴力団員等を利用していると認められる関係を有すること

(4)　暴力団員等に対して資金等を提供し，又は便宜を供与するなどの関与をしていると認められる関係を有すること

(5)　自己の役員又は経営に実質的に関与している者が暴力団員等と社会的に非難されるべき関係を有すること

2　ライセンサー及びライセンシーは，相手方に対し，自ら又は第三者を利用して次の各号のいずれかに該当する行為を行わないことを確約する。

(1)　暴力的な要求行為

(2)　法的な責任を超えた不当な要求行為

(3)　本業務に関して，脅迫的な言動をし，又は暴力を用いる行為

(4)　風説を流布し，偽計を用い又は威力を用いて相手方の信用を毀損し，又は相手方の業務を妨害する行為

(5)　その他前各号に準ずる行為

3　ライセンサー及びライセンシーは，前2項に違反する事項が判明した場合には，直ちに相手方に対して書面で通知するものとする。

4　ライセンサー及びライセンシーは，相手方が前3項に違反した場合には，直ちに本契約又は個別契約の全部又は一部を解除し，かつ，これにより自己に生じた損害の賠償を請求することができる。この場合，相手方は，当該解除により自己に生じた損害の賠償を請求することはできないものとする。

第23条（協議等）

本契約に取り決めていない事項について問題が発生した場合，又は本契約の各条項の解釈に疑義が生じた場合には，ライセンサー及びライセンシー双方が誠意を持って協議し，解決に努める。

第24条（紛争解決）

1　本契約は，日本法に準拠し，日本法に基づき解釈及び適用されるものとする。

2　本契約に関して紛争が生じたときは，東京地方裁判所を第一審の専属的合意管轄裁判所とする。

本契約締結の証として，本書2通を作成し，ライセンサー及びライセンシーが記名押印のうえ，各自1通ずつ保有する。

20○○年○月○日

ライセンサー：□□県□□市□□町□丁目□番□号
　　　　　　　□□□□株式会社
　　　　　　　代表取締役　　□□□□＜印＞

ライセンシー：□□県□□市□□町□丁目□番□号

□□□□株式会社

代表取締役　□□□□＜印＞

巻末資料4　［データ提供利用許諾契約書］

<h1 style="text-align:center">データ提供利用許諾契約書</h1>

　株式会社○○（以下「甲」という。）と株式会社○○（以下「乙」という。）は，甲が有するデータの提供とその利用許諾について，以下のとおり契約（以下「本契約」という。）を締結する。

第1条（目的）

　本契約は，乙が写真の自動改変エンジンの開発を行うに当たり，甲から当該開発に必要な写真のデータの提供及び利用許諾を受けることを目的とする。

第2条（データの提供）

　甲は，乙に対し，別紙第1項記載のデータ（以下「甲提供データ」という。）を，本契約（別紙を含む。）に定める条件に従い提供する。

第3条（利用許諾及び条件）

1　甲は，乙に対し，本契約に定める条件に従い，本契約の有効期間中，別紙第2項記載の利用目的（以下「本利用目的」という。）の範囲内において，甲提供データの非独占的，譲渡不能，かつ，担保提供不能な利用を許諾する。

2　乙は，甲乙間で別段の書面による合意がない限り，乙が甲提供データを利用，変換又は加工して得た成果物及び複製物（以下，甲提供データと併せて「甲提供データ等」と総称する。）についても，甲提供データと同様の条件で利用することができるものとし，かつ，甲提供データに適用される本契約の条件が同様に適用されるものとして管理しなければならない。

3　乙は，乙の役員及び従業員並びに乙が書面により特定し，かつ，甲が書面により事前に承認した者（以下「使用者」と総称する。）にのみ，本利用目的の達成に必要かつ相当な範囲で，甲提供データ等を利用させることができ

る。

4 　乙は，使用者（ただし，乙の役員及び従業員を除く。以下，本項において同じ。）に甲提供データ等を利用させる場合，使用者との間で，本契約において自らが甲に対して負う秘密保持義務，甲提供データ等の保管義務その他の甲提供データ等の取扱いに関する義務を負わせる契約を書面により締結しなければならない。

5 　乙は，甲に対し，乙及び使用者による甲提供データ等の利用により生ずる一切の不都合，問題，第三者からの苦情，請求その他法的措置について，自らの行為に起因するものか否かは問わず，自己の費用と責任において適切に解決するものとし，甲は一切の責任を負わない。乙又は使用者による甲提供データ等の利用に関連して甲が費用，賠償金等を支払った場合，乙は，甲の請求に従い，当該費用及び賠償金等を補償する。

6 　乙は，甲による事前の書面による承諾がある場合を除き，本利用目的以外の目的（別紙第3項記載の目的を含むが，これに限られない。）で甲提供データを利用してはならず，第三者に開示，提供又は漏えいしてはならない。

第4条（検査）

1 　乙は，第2条に基づき甲提供データを受領した日から〇営業日後までに，甲から受領した甲提供データが，別紙第1項記載の条件を充たしているか検査を行い，甲に対してその検査結果を書面により通知する。ただし，当該期間内に当該通知がなされなかった甲提供データについては，本項の検査に合格したものとみなす。

2 　甲は，乙から不合格の通知があった甲提供データについて，別紙第1項記載の条件を充たしていないと甲が合理的に判断する場合，乙の指示に従い，甲の費用をもって甲提供データの修正を行い，甲乙が別途合意した期日までに甲提供データを再提出し，改めて前項に基づく乙の検査を受けるものとする。

第5条（データ品質の不保証等）

1　甲は，乙に対し，甲提供データについて，次の各号に掲げる事項を保証しない。

　(1)　甲提供データが本利用目的を実現するために有効であること

　(2)　甲提供データの正確性，完全性及び安全性

　(3)　甲提供データが第三者の知的財産権又はそれ以外の権利を侵害していないこと

2　甲の乙に対する甲提供データの提供にかかる責任は，前条第2項に基づく甲提供データの修正の履行に限られるものとする。

第6条（甲提供データの管理等）

1　乙は，甲提供データ等を適切に管理するため，甲提供データ等を他の情報と明確に区別して保管し，法令及び所管官庁のガイドラインに従うとともに，その他機密保持のために合理的な措置を講じ，善良な管理者の注意をもって取り扱い，不正アクセス，不正利用等の防止に努める。

2　甲は，乙に対し，前項の管理等の状況についていつでも報告を求めることができ，乙は，正当な理由がない限り，甲に対し，求められた事項について報告をしなければならない。

3　甲は，前項に基づく報告が甲提供データ等の利用状況及び管理方法を検証するのに十分でないと判断した場合，7営業日前までに書面により通知することを条件に，乙の営業所に立ち入って，乙による甲提供データ等の利用状況及び管理方法の監査を実施することができる。乙は，当該監査に最大限協力するものとする。

4　第2項に基づく報告の確認又は前項による監査の結果，乙が本契約に定める利用許諾の範囲を超えて甲提供データ等を利用していたことが判明した場合又は乙の管理方法が不十分であると甲が判断した場合，甲は，乙に対し，必要な是正措置をとることを求めることができ，乙は，速やかにこれに応じなければならない。なお，この場合，当該是正措置の実施のために生じた費

用は，乙の負担とする。

第7条（データ漏えい時の措置）

1　乙は，甲提供データ等の漏えいその他本契約に定める条件に違反した甲提供データ等の利用を発見した場合，直ちに甲に対してその旨を通知しなければならない。

2　乙において甲提供データ等の漏えい等が発生した場合，乙は，甲の損害を最小限にとどめるために必要な措置を自己の費用と責任で直ちに講じなければならない。

第8条（データ利用料）

　乙は，甲に対し，甲提供データの提供及び利用許諾の対価（以下「データ利用料」という。）として，別紙第4項記載の金額を同項記載の支払方法により支払う。

第9条（知的財産権等）

　甲及び乙は，第3条第1項に基づく甲の乙に対する利用許諾が本契約に定める条件に従った甲提供データの利用許諾のみであること，甲提供データ等に係る著作権（著作権法第27条及び第28条に規定する権利を含むが，これに限られない。），商標権その他の知的財産権又はその他いかなる権利は甲に帰属していることを確認し，乙に譲渡，移転，利用許諾するものではないことを確認する。

第10条（機密保持）

　甲及び乙は，本契約において明示的に許諾された場合又は相手方から書面による承諾を得た場合を除き，本契約に関して知り得た相手方に関する一切の情報（甲提供データ等を含み，以下「機密情報」という。）を第三者に開示又は漏えいしてはならず，かつ，本契約の履行以外の目的に使用してはならないものとする。ただし，甲提供データ等以外の次の各号に掲げる情報は，機密情報

に当たらないものとする。
(1) 開示を受けた時点で，既に自己が保有していた情報
(2) 開示を受けた時点で，既に公知であった情報
(3) 開示を受けた以後，自己の故意又は過失によらないで公知となった情報
(4) 開示を受けた情報を利用及び参照することなく独自に開発又は知得した情報
(5) 開示当事者に対する機密保持義務を負うことなく正当な権限を有する第三者から適法に開示を受けた情報

第11条（機密情報の消去等）

1 乙は，本契約が終了した場合又は甲から要求を受けた場合，甲の要求に従い，機密情報の利用を直ちに中止し，それらを消去，破棄又は甲に返還するものとし，いかなる場合においても本契約の終了後に甲の承諾なく相手方の機密情報を利用してはならない。
2 前項に基づき甲提供データ等を消去又は破棄する場合，乙は，甲の要求に従い，確実に消去又は破棄した旨の報告書を甲に提出しなければならない。

第12条（反社会的勢力の排除）

1 甲及び乙は，相手方に対し，現在，暴力団，暴力団員，暴力団員でなくなった時から5年を経過しない者，暴力団準構成員，暴力団関係企業，総会屋等，社会運動等標ぼうゴロ，特殊知能暴力集団その他これらに準ずる者（以下「暴力団員等」と総称する。）に該当しないこと，及び次の各号のいずれか1つにも該当せず，かつ，将来にわたっても該当しないことを表明し，保証する。
(1) 暴力団員等が経営を支配していると認められる関係を有すること
(2) 暴力団員等が経営に実質的に関与していると認められる関係を有すること
(3) 自社若しくは第三者の不正の利益を図る目的又は第三者に損害を加える

目的をもってするなど，不当に暴力団員等を利用していると認められる関係を有すること

⑷　暴力団員等に対して資金等を提供し，又は便宜を供与するなどの関与をしていると認められる関係を有すること

⑸　役員又は経営に実質的な関与をしている者が暴力団員等と社会的に非難されるべき関係を有すること

2　甲及び乙は，自ら又は第三者を利用して次の各号のいずれか1つにでも該当する行為を行ってはならない。

⑴　暴力的な要求行為

⑵　法的な責任を超えた不当な要求行為

⑶　風説を流布し，偽計を用い又は威力を用いて相手方の信用を毀損し，又は相手方の業務を妨害する行為

⑷　その他前各号に準ずる行為

3　甲及び乙は，相手方が前2項のいずれかに違反した場合，何らの通知催告を要することなく直ちに本契約を解除することができる。

4　前項に基づく本契約の解除により相手方に損害が生じても，解除した当事者は，解除された当事者に対して何ら賠償義務を負わず，また，解除された当事者は，相手方の被った損害を賠償しなければならない。

第13条（地位の譲渡等の禁止）

甲及び乙は，相手方の事前の書面による承諾を得た場合を除き，本契約上の地位を第三者に承継し，又は本契約に基づく自己の権利義務の全部又は一部を第三者に譲渡し，若しくは第三者の担保に供してはならない。

第14条（損害賠償）

甲及び乙は，本契約の履行に関し，相手方の責めに帰すべき事由により損害（弁護士費用を含む。）を被った場合，相手方に対し，当該損害の賠償を請求することができる。

第15条 （有効期間）

　本契約の有効期間は，20XX年X月X日から20XX年X月XX日までとする。ただし，有効期間満了の1カ月前までに甲乙いずれからも相手方に対して何らの意思表示がなされない場合，同一内容で本契約を1年間延長するものとし，その後も同様とする。

第16条 （解除）

1　甲及び乙は，相手方が本契約に違反し，相当の期間を定めて催告したにもかかわらず，当該違反を是正しない場合，本契約の全部又は一部を解除することができる。

2　甲は，乙が次の各号のいずれかに該当した場合，催告を要しないで，直ちに本契約の全部又は一部を解除することができる。

(1)　事業譲渡，合併，会社分割又は解散を決議したとき

(2)　破産手続開始，民事再生手続開始，会社更生手続開始若しくは特別清算手続開始の申立てをなし，又は第三者からこれらの申立てを受けたとき

(3)　差押，仮差押，仮処分，強制執行又は担保権の実行を受けたとき

(4)　支払停止若しくは支払不能に陥ったとき，又は自ら振り出した手形若しくは小切手が不渡りとなったとき

(5)　財産状態が著しく悪化し，又はそのおそれがあると認められる相当の事由があるとき

(6)　甲提供データ等を第三者に漏えい又は漏えいが疑われるとき

(7)　前各号のほか，乙の責に帰すべき事由により本契約を継続しがたいと甲が判断したとき

3　前2項に基づく解除は，損害賠償請求を行うことを妨げない。

4　乙は，第2項各号のいずれかに該当した場合，甲に対して負担する一切の金銭債務について当然に期限の利益を喪失し，直ちにこれを弁済しなければならない。

第17条（存続条項）

　本契約第3条第5項，第5条，第7条，第9条，第10条，第11条，第12条第4項，第13条，第14条，第16条第3項及び第4項，本条，第18条並びに第19条は，本契約終了後も，なおその効力を有する。

第18条（準拠法及び専属的合意管轄裁判所）

1　本契約は，日本法に準拠し，日本法に基づき解釈及び適用される。
2　本契約に起因し，又は関連する一切の紛争については，東京地方裁判所を第一審の専属的合意管轄裁判所とする。

第19条（本契約に定めのない事項）

　本契約に定めのない事項及び本契約の各条項の解釈に疑義が生じた場合は，その都度甲乙双方で誠意をもって協議の上，これを解決する。

　本契約締結の証として，本書2通を作成し，甲乙記名押印のうえ，各自1通ずつ保有する。

　20○○年○月○日

　　　　　　　　　　　　　　甲：□□県□□市□□町□丁目□番□号
　　　　　　　　　　　　　　　　□□□□株式会社
　　　　　　　　　　　　　　　　代表取締役　　□□□□＜印＞

　　　　　　　　　　　　　　乙：□□県□□市□□町□丁目□番□号
　　　　　　　　　　　　　　　　□□□□株式会社
　　　　　　　　　　　　　　　　代表取締役　　□□□□＜印＞

別　紙

1　甲提供データ

(1)　甲が乙に提供する甲提供データは，下記の写真の画像データとする。

記

写真タイトル：甲が管理するすべての写真

データの数量：毎月○点の甲提供データを提供する。

ファイル形式：甲及び乙が別途合意して定める形式

以　上

(2)　提供方法

甲は，自身が管理するクラウドサーバーに甲提供データを保存するとともに，乙に対し，当該クラウドサーバーへのアクセスを可能にする措置を講ずる。乙は，当該クラウドサーバーに自らアクセスし，保存された甲提供データを取得する。但し，乙は，甲が別途書面により指定した方法により取得することもできる。

2　本利用目的

(1)　乙がAIを利用した写真の自動改変エンジンの開発を行うための学習用データセットの元となる生データとしての利用

(2)　前項の開発における自動改変エンジンの画像認識及び自動改変の精度を検証するための正解データとしての利用

3　本利用目的に含まれない利用の例

(1)　第三者への販売，利用許諾，開示，提供

(2)　第三者に提供する商品，成果物又は役務に甲提供データの全部又は一部を組み合わせ，又は組み込むこと

4　データ利用料

（1）　データ利用料の金額

　　　第1項に従い甲から乙に提供された甲提供データ1点当たり○円

（2）　データ利用料の支払方法

　　　甲は，毎月末日（当該日が休日の場合は，翌営業日。以下同じ。），当該月において甲が乙に対して提供した甲提供データの点数を集計し，翌月○日までに当該月のデータ利用料を乙に対して書面により通知する。乙は，通知されたデータ利用料に誤りがないことを確認した上で，同月末日までに当該データ利用料を甲が別途指定する銀行口座に振込送金する方法により支払う。なお，振込手数料は，乙が負担する。

索　引

〔編著者紹介〕

小坂　準記（こさか・じゅんき）

TMI総合法律事務所　パートナー弁護士

2007年北海道大学法科大学院修了。2008年弁護士登録（東京弁護士会）。2012年から2014年まで文化庁著作権課にて著作権調査官として著作権法改正を担当。2016年から2018年までドイツのMax Planck Institute for Innovation and Competitionにて客員研究員としてEUの知財・データ関連法制度・実務の研究を行ないながら，ドイツ，フランス，スペイン，アメリカの法律事務所，サッカーリーグ，企業にて海外研修を行う。知財関連法務（ライセンス契約の交渉・書面作成，知財戦略の立案，海賊版・模倣品対策，訴訟，ロビイング等）を専門とし，これまで国内・国外の様々なクライアントを代理してライセンス契約の交渉を行った経験を有する。主な著作として，『著作権判例百選（第6版）』（有斐閣，2019年，共著），『著作権法の法律相談 I・II』（青林書院，2016年，共著），「講演録 デジタル時代の著作者人格権」（月刊コピライト，2019年）「コピライト・ビギナー－著作権のボーダーラインを学ぶ判例入門」（月刊コピライト，2017年〜2018年）「『炎上』時代を生き抜く著作権コンプライアンス－明日から取組める5つのポイント－」（知財管理，2017年）他多数。

〔著者紹介〕

井上　貴宏（いのうえ・たかひろ）

TMI総合法律事務所　弁護士

2012年京都大学法科大学院修了。2013年弁護士登録（第一東京弁護士会）。著作権や商標を中心とした知的財産案件，エンタテインメント案件を中心に取り扱う。主な著作として，『起業の法務－新規ビジネス設計のケースメソッド』（商事法務，2019年，共著）等。

髙梨　義幸（たかなし・よしゆき）

TMI総合法律事務所　弁護士

2012年早稲田大学法科大学院修了。2013年弁護士登録（第二東京弁護士会）。特許を中心とした知的財産案件を専門とする。主な著作として「査証制度の新設，損害賠償額算定方法の見直し 改正特許法の概要」（ビジネス法務，2019年，共著），『シチュエーション別 提携契約の実務（第3版）』（商事法務，2018年，共著）等。

濱田　慧（はまだ・さとし）

TMI総合法律事務所　弁護士

2014年慶應義塾大学法科大学院修了。2015年弁護士登録（東京弁護士会）。ライセンス，共同開発等に関する契約交渉や特許訴訟等を中心とした知的財産案件を専門とする。

川上　貴寛 （かわかみ・たかひろ）

TMI総合法律事務所　弁護士

2013年東京学芸大学教育学部卒業。2016年弁護士登録（東京弁護士会）。インターネット，アプリ，プライバシー等のICT関連法務，商事紛争案件，渉外案件を中心に取り扱う。主な著作として，『業務委託契約書作成のポイント』（中央経済社，2018年，共著），『起業の法務－新規ビジネス設計のケースメソッド』（商事法務，2019年，共著）等。

平　龍大 （たいら・りょうすけ）

TMI総合法律事務所　弁護士

2016年早稲田大学法科大学院修了。2017年弁護士登録（第二東京弁護士会）。著作権や商標を中心とした知的財産法務，団体ガバナンス，選手マネジメント，ドーピング対応等のスポーツ法務を中心に取り扱う。主な著作として，「【法令ガイダンス】消費者契約法改正＜事業者の努力義務，困惑類型及び無効となる消費者契約条項の類型の追加等＞（平成三十年法律第五十四号）」（LexisNexis ASONE，2018年，共著）等。

松岡　亮 （まつおか・りょう）

TMI総合法律事務所　弁護士

2016年一橋大学法科大学院修了。2017年弁護士登録（東京弁護士会）。2012年から2014年まで参議院事務局勤務。コンテンツビジネス，IT・インターネット，IR（カジノ）案件を中心に取り扱う。主な著作として，『起業の法務－新規ビジネス設計のケースメソッド』（商事法務，2019年，共著）等。

笹渕　典 （ささぶち・つかさ）

TMI総合法律事務所　弁護士

2017年一橋大学法科大学院修了。2018年弁護士登録（東京弁護士会）。スタートアップ・VC関連業務，M&A，コーポレートガバナンス，企業不祥事対応を中心に取り扱う。

ライセンス契約書作成のポイント

2020年7月1日　第1版第1刷発行
2024年6月15日　第1版第5刷発行

編著者　小　坂　準　記
発行者　山　本　　　継
発行所　㈱中　央　経　済　社
発売元　㈱中央経済グループ
　　　　パ ブ リ ッ シ ン グ

〒101-0051　東京都千代田区神田神保町1 - 35
電話　03 (3293) 3371(編集代表)
　　　03 (3293) 3381(営業代表)
https://www.chuokeizai.co.jp

© 2020
Printed in Japan

印刷／三 英 印 刷 ㈱
製本／㈲ 井 上 製 本 所

＊頁の「欠落」や「順序違い」などがありましたらお取り替えいた
しますので発売元までご送付ください。(送料小社負担)
ISBN978-4-502-34591-3　C3032

業務委託契約書
作成のポイント

淵邊 善彦・近藤 圭介［編著］　Ａ5判／244頁

　業務委託契約の基本となる製造委託に関する契約書と役務提供委託に関する契約書について解説。委託者と受託者における検討・交渉・修正等のプロセスをわかりやすく説明し、条項パターンを豊富に掲載。

本書の内容

第1章　業務委託契約の法的性質

第2章　業務委託契約における
　　　　法令の適用

第3章　製造委託基本契約の解説

第4章　役務提供型の業務委託契約の
　　　　解説

巻末資料1　製造委託基本契約書

巻末資料2　業務委託契約書

中央経済社